MUITO ALÉM DA
VANTAGEM COMPETITIVA

MUITO ALÉM DA
VANTAGEM COMPETITIVA

Como Resolver o Dilema de Manter um Crescimento Sustentável e *Simultaneamente* Criar Valor

TODD ZENGER

M.Books do Brasil Editora Ltda.

Rua Jorge Americano, 61 - Alto da Lapa
05083-130 - São Paulo - SP - Telefones: (11) 3645-0409/(11) 3645-0410
Fax: (11) 3832-0335 - e-mail: vendas@mbooks.com.br
www.mbooks.com.br

Dados de Catalogação na Publicação

Zenger, Todd
Muito Além da Vantagem Competitiva/Todd Zenger.
São Paulo – 2018 – M.Books do Brasil Editora Ltda.

1. Negócios 2. Administração 3. Estratégia

ISBN: 978-85-7680-296-9

Do original: Beyond Competitive Advantage
Publicado em inglês pela Harvard Business Review Press
©2016 Todd Zenger.
©2018 M.Books do Brasil Editora Ltda.

Editor: Milton Mira de Assumpção Filho
Tradução: Mônica Rosemberg
Produção editorial: Lucimara Leal
Editoração e capa: Triall

2018
M.Books do Brasil Editora Ltda.
Todos os direitos reservados.
Proibida a reprodução total ou parcial.
Os infratores serão punidos na forma da lei.

Para Shawn

Agradecimentos

Talvez tenha sido há uns quinze anos que meu pai me perguntou pela primeira vez: "Quando você vai escrever um livro?". É claro, a mensagem implícita era "Quando você vai escrever algo para um público diferente dos acadêmicos – para pessoas de verdade?". O que se seguiu foi minha palestra sobre o efeito cascata do conhecimento dos acadêmicos para as "pessoas de verdade", seguida de uma discussão efusiva sobre o ritmo deste efeito. Suspeito, entretanto, que sem o cutucão de meu pai, as ideias contidas neste livro continuariam espalhadas em manuscritos acadêmicos. Nos anos recentes, essa pergunta se transformou simplesmente em "Como vai o livro?". Meus pais instilaram em mim um desejo de fazer e buscar perguntas importantes e interessantes, pelo que lhes sou muito grato.

Analisar a origem das ideias é uma tarefa impossível, especialmente dada a tendência à arrogância que aflige a todos nós. Devo muito aos coautores e colegas que moldaram profundamente e contribuíram para as ideias neste livro. Acredito que minha dívida seja ainda maior do que reconheço. Criações valiosas são sempre recombinações inteligentes das ideias de outros e esta iniciativa não é diferente.

Passei os primeiros vinte e quatro anos de minha carreira acadêmica lecionando na Escola de Administração Olin da Universidade de Washington. Foi lá que grande parte das ideias contidas neste livro nasceu. Sou grato pelo apoio da Universidade de Washington e por sua disposição de apostar em um jovem e inexperiente pós-graduado muitos anos atrás. Foi uma experiência extremamente gratificante ajudar a reunir um grupo notável de colegas lá e desfrutar da recompensa intelectual do que se tornou um dos melhores grupos de estrategistas do país. Também sou grato à Escola de Administração David Eccles da Universidade de Utah, onde estou nos últimos dois anos. Aqui também tenho sido abençoado pela companhia de colegas extraordinários que desafiam meu pensamento e minhas ideias.

Sou particularmente grato pela colaboração acadêmica de Jackson Nickerson, Teppo Felin, Nick Argyres, Dan Elfenbein, Bill Hesterly, Patrick Moreton, Lubo Litov, Mary Benner e Laura Poppo. Essas colaborações moldaram de maneira importante capítulos do livro. Também sou grato às extensas conversas e colaborações de outros colegas incluindo Jay Barney, Bart Hamilton, Anne Marie Knott, Lyda Bigelow, Lamar Pierce, Gary Miller, Tomasz Obloj, Nicolai Foss, Peter Klein, Rob Wuebker, Russ Coff, Adina Sterling e Zeke Hernandez. Sou grato também às conversas, ao apoio e à colaboração de ex-alunos de doutorado, Sergio Lazzarini, Chihmao Hsieh, Jeffrey Huang, Carl Vieregger, James Yen, Tim Gubler e Ryan Cooper, bem como à assessoria de Chris Brennan na pesquisa inicial. Sou grato ainda a centenas de executivos e alunos de MBA tanto na Universidade de Washington como na Universidade de Utah com quem testei o conteúdo deste livro e sobrecarreguei com manuscritos de capítulos como material do curso. Seus comentários e reações, positivos ou negativos, moldaram profundamente a evolução deste trabalho.

Minhas ideias também foram moldadas pelos anos extraordinários que passei na UCLA como aluno de doutorado em estratégia em meados da década de 1980. Três eventos teóricos importantes no campo da estratégia se deram naqueles anos. O primeiro foi o surgimento do conceito de vantagem competitiva e da economia da organização industrial como um princípio fundamental no ensino da estratégia. O segundo foi o domínio crescente da economia organizacional como lógica estratégica no pensamento sobre estratégia e organização. O terceiro foi o desenvolvimento da perspectiva baseada em recurso. Durante meus anos como aluno de doutorado, a UCLA desempenhou um papel central no desenvolvimento das duas últimas tendências teóricas. Todas três foram críticas para a fundamentação intelectual deste livro. Sou grato pelas aulas ou conversas com o corpo docente da UCLA à época – William Ouchi, Jay Barney, Richard Rumelt, Ben Klein, Harold Demsetz, Eric Rasmusen e Barbara Lawrence.

O diretor editorial da Harvard Business Review Press, Tim Sullivan, meu editor David Champion e meu agente literário Giles Anderson cada qual desempenhou um papel fundamental na redação e publicação deste manuscrito. Tim enxergou promessa na proposta altamente acadêmica dos capítulos iniciais em que eu acreditava estar falando para as pessoas de verdade, mas que precisavam de um trabalho considerável para, de fato, fazer isso. Ele promoveu as ideias deste livro através do processo de revisão, tanto na editora Harvard Business Review Press quanto na revista *Harvard Business Review*. David colaborou comigo no desenvolvimento de dois artigos para a *HBR* com base nos dois capítulos iniciais: "What is the Theory os Your Firm?" (novembro de 2013) e "Strategy: The Uniqueness Chalenge" (junho de 2014). David foi um editor notável no desenvolvimento do manuscrito do livro, em me ajudar na transição de escrever para o público acadêmico para escrever para o público mais amplo. Ele me desafiou a simplificar o que digo e, no processo, esclarecer e refinar a lógica subjacente. Tentei ser um bom aluno. Paralelamente, Giles foi perspicaz em me ajudar a polir e depois a reapresentar com sucesso a proposta do livro para a Harvard Business Review Press.

Acima de tudo, sou grato a minha esposa Shawn, que me deu um apoio excepcional ao longo de minha carreira acadêmica. Após ouvir sobre este livro fantasma por tantos anos, ela também entrou no ritmo do "como vai o livro?". Ela tem sido uma companheira e parceira extraordinária em nossa mais importante e gratificante empreitada: quatro filhos maravilhosos, Chase, Andrew, Lara e Hanna. Sou grato pelo apoio deles. Juntos, temos uma vida maravilhosa. A certa altura até mesmo eles entraram no ritmo "como vai o livro?". Prometo que o próximo será mais tranquilo.

Sobre o autor

Todd Zenger é especialista nos temas estratégia corporativa, liderança estratégica e design organizacional. Ministrou palestras sobre esses temas nas principais escolas de administração ao redor do mundo e tem publicações nos principais periódicos acadêmicos sobre administração e estratégia. Recentemente, Zenger foi nomeado chefe da cadeira N. Eldon Tanner Chair of Strategy and Strategic Leadership da Escola de Administração David Eccles na Universidade de Utah. Também detém o título de Presidential Professor na Universidade de Utah e é chefe do departamento de Empreendedorismo e Estratégia. De 1990 a 2014, fez parte do corpo docente da Escola de Administração Olin da Universidade de Washington, onde presidiu por muitos anos o grupo de estratégia e foi diretor acadêmico do programa de MBA executivo. Zenger se graduou em economia pela Universidade de Stanford e fez doutorado em estratégia e organização na UCLA. Ele atua como consultor e professor nas áreas de estratégia e liderança estratégia. Zenger também escreve artigos sobre estratégia para a revista *Harvard Business Review*.

www.toddzenger.com
@toddzenger

Sumário

Prefácio 17

Introdução 21
    Os Limites da Vantagem Competitiva 23
    A Tirania das Expectativas de Crescimento 25
    Os Best-Sellers de Negócios e o Desempenho Futuro 26
    Estratégia é Bobagem? 28
    Definindo o Conceito 29
    O que vem a Seguir 31

PARTE 1
Criando a Teoria Corporativa

1. Antevisão, Intravisão e Extravisão 35
    A Melhor Teoria Já Revelada 36
    As Três "Visões" da Estratégia 42
        Antevisão 44
        Intravisão 44

    Extravisão 45
    Quando a Teoria Guia a Estratégia: A Teoria de Criação de
        Valor de Steve Jobs 46
    Quando Falta uma Teoria à Estratégia – AT&T 51

2. A Unicidade Imperativa 57
    Tem Tudo a Ver com Leilões... 59
        Leilões e a maldição do vencedor.. 61
        E quanto às sinergias? 62
    A Importância de Ser Único... 66
    As Virtudes de Vender e os Desafios de Comprar 68
    Lições da Empírica 70
    Investindo Com Uma Teoria 72

3. Danos Morais ou Mercado para Limões? 79
    Danos Morais: Gestores como Vilões 81
    O Problema dos Limões 84
    O Paradoxo Estratégico 87
    Analistas de Investimentos e a Desvalorização Custosa
        de Avaliar 92
    Como os Gestores Devem Responder ao Problema dos Limões?....... 95

PARTE 2

Combinando Valor

4. Produzir ou Comprar? 103
    A Maravilha do Mercado 105
        Quando os mercados falham 106
    A Vantagem da Integração 111
        A armadilha do controle 112
    Uma Questão de Escolha 113
    Como Gerenciar a Escolha ao Longo do Tempo 115

5. Moldando Relacionamentos Externos 119
Uma Invasão de Alianças 120
A Revolução da TI 123
Um Emaranhado de Escolhas 127
Fazendo a Escolha Certa 129
    Quão única é a solução que você busca? 131
    Quão difícil é especificar ou medir os comportamentos ? ou resultados que você deseja? 132
Uma Dinâmica Instável 135

PARTE 3
Mobilizando por Valor

6. Design Organizacional Dinâmico 143
Não Existe Adequação Perfeita 145
O Desafio da Complexidade 148
    Cérebro sobrecarregado 148
    Motivações divididas 149
    Escolhas inconsistentes 151
A Lógica do Design Dinâmico 152
Veículos do Design Dinâmico 154
    Mudança estrutural 155
    Iniciativa e sequenciamento de metas 158

7. Liderando a Teoria Corporativa 165
Compondo Teorias 167
Vendendo a Teoria 170
Navegando na Dinâmica Organizacional 172

Notas 177

Índice 187

Prefácio

Como disciplina do curso de administração, estratégia é algo bastante recente. Segundo muitos relatos, o status da estratégia como disciplina só se consolidou depois da publicação dos livros de Michael Porter, *Estratégia Competitiva* em 1980 e *Vantagem Competitiva* em 1985. Esses livros traduziram a economia da organização industrial em ferramentas úteis e fundamentos para os gestores, e fortaleceram a *vantagem competitiva* como prioridade do estrategista. As corporações puderam descobrir e ocupar uma posição singular e valiosa que proporcionava lucros sustentáveis superiores àqueles desfrutados pelos concorrentes. A partir dessas ideias, evoluíram os conceitos que moldaram o conteúdo dos cursos de estratégia ao longo de décadas.

Em 1996, comecei a ministrar um curso denominado estratégia corporativa – voltado para o desenvolvimento do pensamento estratégico que vai além da vantagem competitiva. Em vez da busca por posicionamento, o curso se concentrava na busca de crescimento e de criação de valor sustentável. No entanto, o conteúdo pedagógico sobre estratégia corporativa era pobre, em grande parte composto por temas pouco relacionados, com orientação escassa e sem uma mensagem central coerente. Infelizmente, isso permanece praticamente igual. Professores do tema têm algo a dizer sobre alavancagem de capacidades e busca por relevância. Eles oferecem alguma lógica sobre decisões de integração vertical e orientações pouco relacionadas quanto à gestão de investimentos, planejamento de aquisições e composição de design organizacional. Ao contrário do conteúdo bem estruturado e altamente integrado do curso de estratégia de negócios, a orientação sobre estratégia corporativa permanece dispersa e fragmentada.

Ademais, reconheci rapidamente que nosso esforço de ensinar estratégia corporativa não foi desperdiçado para os executivos que tentavam absorvê-la. Embora o tema estratégia corporativa causasse impacto, visto que os executivos consideravam o crescimento sustentável da criação de valor seu principal desafio, eles também se sentiram frustrados com a abordagem desconexa que a orientação sobre estratégia corporativa oferecia.

Este livro surgiu a partir desta insatisfação intensa com a orientação que os professores e estudiosos tinham a oferecer sobre como obter uma criação sustentável de valor. Comparado aos livros sobre negócios mais populares que incluem o tema, este aqui adota uma abordagem diferente. Dele não se extraem lições a partir de empresas bem-sucedidas (embora o livro proporcione inúmeros exemplos ilustrativos). Em vez disso, o livro se dirige ao estrategista potencial com uma abordagem oriunda da tradução de Porter da economia da organização industrial. Embora Porter tenha compilado e sintetizado estudos logicamente consistentes e amplamente testados em uma estrutura e abordagem atrativa, não ofereceu respostas simples. Em vez disso, ele enfatizou questões críticas e dilemas e introduziu uma abordagem estruturada para o pensamento estratégico. Conforme mencionei, o resultado moldou fortemente a retórica e o raciocínio que os gestores utilizam na busca pela vantagem competitiva.

Prefácio

Meu objetivo neste livro é traduzir, esclarecer e sintetizar um tema acadêmico muito diferente, geralmente chamado de economia organizacional, para responder um conjunto distinto de perguntas que ladeiam a estrada para a criação sustentável de valor através de esforços contínuos para organizar e conciliar ativos e atividades. Felizmente, existe uma abundância de publicações relevantes, algumas de minha autoria, mas grande parte de autoria de outros, incluindo de economistas vencedores do Prêmio Nobel. Porém, surpreendentemente, a maioria delas não inclui o léxico e a lógica que os gestores utilizam rotineiramente para avaliar e desenvolver padrões de crescimento. Minha contribuição é proporcionar uma síntese e uma tradução, iluminando o poder da lógica e uma linguagem mais comum, com o objetivo de oferecer ao estrategista potencial e criterioso uma capacidade aprimorada de gerar e sustentar estratégias de crescimento eficientes.

A mensagem central do livro é que o estrategista em busca de criação sustentável de valor precisa de mais do que um mapa para posicionamento. Ele precisa de uma teoria corporativa de criação de valor, algo que proporcione orientação contínua para a seleção de posições e uma ampla gama de ações estratégicas. Da mesma forma que a teoria criteriosa de um cientista revela experimentos promissores a serem conduzidos, uma teoria corporativa bem elaborada revela uma sucessão de experimentos estratégicos promissores – uma sucessão de estratégias e alternativas estratégicas. Teorias corporativas melhores revelam estratégias melhores – estratégias com maior probabilidade de sucesso. Além disso, uma teoria corporativa bem elaborada refina a tarefa de criação sustentável de valor do estrategista de uma série de decisões desconexas sobre aquisições, investimentos, design, financiamento, decisões de integração e liderança, cada qual regida por uma lógica fragmentada, em escolhas mais coerentes guiadas por uma lógica sintética. O livro lança luz sobre os atributos de uma teoria corporativa eficiente, conecta a teoria corporativa a uma lógica valiosa para a economia organizacional e destaca o papel da teoria corporativa na criação sustentável de valor. Espero que ao concluir a leitura deste livro você tenha adquirido uma compreensão clara do pensamento estratégico que possa levar sua organização para além da vantagem competitiva rumo à criação sustentável de valor.

Introdução

Os princípios básicos da estratégia de negócios conforme ensinados nos cursos de administração e praticados nas empresas são simples: identificar, planejar e depois desenvolver posições de mercado atraentes que proporcionem uma vantagem sustentável em mercados competitivos. As empresas atingem essas posições quando configuram e organizam recursos e atividades de maneira que entreguem um valor extraordinário aos clientes ou um valor convencional a um custo extraordinariamente baixo. Esse conceito de estratégia baseado em posição permanece como central no currículo dos cursos de administração ao redor do mundo. Posições valiosas, protegidas da imitação ou da apropriação por terceiros, proporcionam fluxos sustentáveis de lucro.

O problema com esta visão de estratégia é que os investidores recompensam a empresa uma única vez por descobrir, ocupar e defender uma posição de mercado valiosa. Uma vez que a posição conquistada é reconhecida e valorizada, os investidores passam a pedir mais. E mais requer entregar com sucesso um aumento acima da expectativa da vantagem atual ou – mais desejável – a criação de vantagens totalmente novas. Gratidão por desempenho passado não faz parte da equação de valorização. Na verdade, o mercado de capitais está repleto de empresas que controlam posições poderosas, mas cuja valorização da ação é irrisória. Essas organizações certamente merecem ser reconhecidas pela visão estratégica em desenvolver sua vantagem competitiva e pelo mérito de defender essa vantagem. Infelizmente, os investidores não estão interessados em história. Para os gestores, portanto, a meta não é uma posição estável geradora de recursos, mas sim um novo crescimento sustentável e lucrativo.

Para ajudar os gestores a atingirem esta meta, este livro apresenta o conceito de *teoria corporativa* como um meio de oferecer aos gestores e executivos uma estrutura para pensar além da vantagem competitiva conforme lidam com um ambiente desafiador e em contínua mudança em busca da criação sustentável de valor. Assim como em uma teoria científica, o objetivo de uma teoria corporativa é maximizar a probabilidade de selecionar caminhos valiosos ao mesmo tempo que se minimiza erros onerosos. Portanto, uma boa teoria corporativa proporciona uma bússola para aqueles que estão na condução estratégica e que, ao menos de tempos em tempos, ajude-os a superar as expectativas embutidas no valor atual das ações da empresa, ou no caso de empresas privadas, na valorização por parte dos investidores.

Uma teoria corporativa não é um tratado acadêmico com linguagem e equações obscuras. É uma narrativa, uma explicação ou até mesmo uma imagem que revela como uma empresa em particular pode acumular valor ou criar vantagens competitivas ao longo do tempo. Felizmente, nós na qualidade de seres humanos somos predispostos a desenvolver teorias, possuindo segundo as palavras do filósofo Charles Sanders Peirce, "... uma adaptação natural a [imaginar] alguns tipos de teorias corretas".[1] É claro, essas teorias nem sempre são boas ou corretas, porém muitas fluirão – e algumas serão boas.

Quero começar explorando em detalhe por que um conceito como a teoria corporativa é necessário.

Os Limites da Vantagem Competitiva

Poucos discordariam de que a estratégia de negócios da Dell Computers, do Walmart e da Southwest Airlines foi notável em sua composição. Cada uma dessas empresas conquistou uma forte posição de vantagem em um setor muito competitivo. Entretanto, nos últimos 15 anos cada uma delas batalhou para descobrir e desenvolver novas fontes de valor, ou ao menos fontes ainda não previstas ou esperadas pelos investidores. Uma análise breve dessas empresas e sua luta para criar valor ilustra o difícil desafio de sustentar a criação de valor.

O sucesso rápido do Walmart reflete uma decisão inicial de se concentrar em cidades pequenas e criar uma densa rede de hipermercados regionalmente. Nessas cidades pequenas, o Walmart tirou proveito não só de sua presença exclusiva como o único varejista de descontos, mas também da eficiência logística oriunda da alta densidade de lojas em cada região. Investimentos complementares em publicidade, precificação e tecnologia da informação deram suporte a uma posição de baixo custo e de lojas com produtos que atendem às preferências locais. Entretanto, a despeito da forte posição e da estratégia bem-sucedida do Walmart, o preço de suas ações testemunhou pouca valorização desde 1999. Após atingir US$69 em dezembro daquele ano, o preço da ação flutuou entre US$40 e US$50 nos 13 anos seguintes, apesar do crescimento na receita. Somente nos últimos anos é que o preço da ação voltou ao patamar de 1999. A estratégia continuamente bem-sucedida foi prevista de longa data pelos investidores e incorporada ao preço presente das ações. Para que seu valor de mercado aumente significativamente, o Walmart precisa revelar uma fonte de crescimento nova e não antecipada, tal como a capacidade de expansão lucrativa em regiões globais em desenvolvimento.

A história da Southwest é semelhante. Durante várias décadas, a empresa manteve uma posição estratégica lucrativa e bem planejada. Assim como o Walmart, a Southwest reuniu atividades altamente complementares, consideravelmente diferentes da concorrência, que proporcionavam uma vantagem de custo diferenciada – posição que as companhias aéreas competidoras não conseguiram replicar. No entanto, o valor da ação da Southwest permaneceu estagnado por uma década. Depois que o valor da ação chegou a US$22 em dezembro de 2000, somente em 2014 foi possível se aproximar novamente desse valor. Mais recentemente, a queda do preço do combustível elevou o valor de mercado de todo o setor, mas em grande parte dos quinze anos anteriores o mercado esperou pela revelação de uma fonte de crescimento nova e não antecipada.

A vantagem de posicionamento que a Dell criou na década de 1990 se tornou legendária, por meio de um conjunto singular de opções de atividades, a Dell reduziu drasticamente tanto seu estoque de peças quanto de produtos acabados – que depreciavam 5% ao mês. Ao cortar essas despesas massivas, a empresa desfrutou de uma vantagem de custo sustentável que os concorrentes consideraram praticamente impossível replicar e levou a um aumento meteórico na capitalização de mercado da Dell.

Ainda assim, Michael Dell também aprenderia a dolorosa lição da inexorável exigência dos investidores por fontes de crescimento novas e não antecipadas. Some-se a isso o pronunciamento público sobre sua visão do futuro sombrio da Apple Computer. Durante uma convenção internacional de TI em 1996, um repórter perguntou a Michael Dell o que ele faria se estivesse no comando de seu concorrente em apuros, a Apple. Ele pronunciou de forma arrogante que fecharia a Apple e redistribuiria seus ativos. Uma década de estagnação no preço da ação da Dell logo se seguiu. Neste meio tempo, a Apple experimentou um aumento meteórico de seu valor à medida que se transformou de um fabricante de computadores em um gigante que englobava três indústrias: eletrônicos de consumo, música e telefonia móvel.

Cada uma dessas situações ilustra um aspecto crítico. Uma vantagem competitiva sustentável – usualmente vista como resultado de uma estratégia de negócios brilhante – não sustenta a criação de valor, a principal meta para a maioria das empresas e seus acionistas. Walmart, Southwest e Dell, todas, batalharam para avançar além de sua extremamente valiosa posição inicial e descobrir outra posição valiosa – e, seguindo esta lógica, outras mais. Essa necessidade de manter a criação de valor é o que torna o trabalho do estrategista tão notavelmente difícil. Embora as empresas excelentes elaborem estratégias de negócios eficientes que preservam sua posição de valor, apenas as excepcionalmente excelentes conseguem manter a criação de valor. Uma estratégia de negócios brilhante é tremendamente difícil ser repetida.

Mais ainda, a vantagem competitiva poderosa desfrutada por empresas, como Walmart, Southwest e Dell, frequentemente acaba funcionando como uma camisa de força. Como ressalta Michael Dell, "Esforços de crescimento turvam a singularidade, criam compromissos, diminuem a adequação e, em última análise, minam a vantagem competitiva. Na verdade, a demanda por crescimento é prejudicial para a estratégia".[2] Simplificando, o conceito de posicionamento – o fundamento do que comumente ensinamos sobre estratégia – não só oferece pouca orientação sobre como encontrar novas fontes de criação de valor, como também sua lógica propriamente dita pode desencorajar um crescimento que de alguma forma tire a empresa de sua posição estratégica. Portanto, embora a lógica do posicionamento reconheça o dilema do gestor, não lhe oferece nenhuma orientação estratégia real além daquela de "defender" a posição.

A Tirania das Expectativas de Crescimento

No entanto, defender uma posição não satisfaz o mercado de capitais. Os investidores querem um valor recém-descoberto, não previsto. Além disso, esse novo valor deve ser de magnitude exponencial – a surpresa positiva de amanhã deve ser maior em magnitude de retorno financeiro do que a de ontem. Imagine assumir o reinado da GE das mãos de Jack Welch em setembro de 2001. Ao longo das duas décadas anteriores, a GE aumentou em 50 vezes seu valor para os acionistas. A taxa de crescimento futuro esperada implicitamente pelo mercado era excepcionalmente alta. A conclusão tirada dessas expectativas assombrosas foi clara: assumir o lugar de Jack Welch não foi um bom emprego.

Richard Rumelt da Universidade da Califórnia oferece um exemplo inteligente do papel das expectativas na definição da situação do CEO. Ele sugere que nossa abordagem ao avaliar um CEO é análoga à de um professor definindo a média final dos alunos com base na expectativa de desempenho determinada no início do curso.[3] Dessa forma, o desempenho de um aluno com uma pontuação de 80% no exame final mas cuja expectativa era de 95% é avaliado como regular (D), enquanto essa mesma pontuação de 80% para um aluno cuja expectativa era de 70% é avaliada como excelente (A). Parece absurdo, mas como Rumelt observa, é exatamente assim que o desempenho do CEO é avaliado.[4] O desempenho passado estabelece as expectativas que definem o valor presente. Quando são altas, essas expectativas tornam a tarefa atual de revelar uma melhora no desempenho substancialmente mais difícil.

Os Best-Sellers de Negócios e o Desempenho Futuro

Para piorar as coisas, o sucesso passado em sustentar a criação de valor não serve de guia para o desempenho futuro. Considere a maioria das empresas reverenciadas nos best-sellers de negócios do gênero "empresas excelentes". Esses livros tipicamente selecionam empresas extremamente bem-sucedidas em criar valor para o acionista (ou que entregaram um desempenho financeiro sustentado com base em alguma outra medida) e então oferecem explicações para o sucesso histórico.

Em 1982, por exemplo, dois consultores da McKinsey, Tom Peters e Robert Waterman, publicaram *Em Busca da Excelência*, que analisou 43 empresas extremamente bem-sucedidas em criar valor nas décadas de 1960 e 1970. Peters e Waterman documentaram o que essas empresas tinham em comum.[5] Embora muitos dos princípios e práticas que eles descreveram tenham sobrevivido no mercado de ideias, o desempenho das empresas após a publicação do livro sugere claramente que sustentar a criação de valor exaure a capacidade até mesmo dos melhores times de gestores. Em 1984 – menos de três anos depois do lançamento do livro – o declínio do desempenho dessas "empresas excelentes" era evidente até mesmo para a imprensa popular. Naquele mesmo ano, a revista *Business Week* publicou que um terço dessas empresas enfrentava problemas financeiros significativos.[6]

Em 1994, Jim Collins e Jerry Porras identificaram outro grupo de empresas bem-sucedidas e produziram outro livro campeão de vendas, *Feitas Para Durar*.[7] Usando um formato semelhante, eles compararam 18 empresas sobreviventes no longo prazo, identificadas pelos CEOs como "visionárias", com uma amostra correspondente de empresas também sobreviventes no longo prazo porém menos visionárias. Enquanto o desempenho histórico das empresas "visionárias" à época do lançamento do livro era espetacular, seu desempenho pós-publicação se mostrou mediano, bem próximo ao registrado pelo índice Dow Jones Industrial Average. Em 2001, o livro subsequente de Collins, *Empresas Feitas Para Vencer*, documentou igualmente 11 empresas cujo desempenho superou significativamente aquele do mercado ao longo de quinze anos.[8] Entre a publicação do livro em 2001 e 2007 (um pouco antes da crise econômica), três dessas 11 empresas haviam experimentado reduções no valor de mercado, uma permaneceu com seu valor estagnado e uma foi adquirida. Repetindo, o desempenho geral de um portfólio dessas 11 empresas se equiparou essencialmente ao Dow Jones Industrial Average.

Todas as conclusões anteriores são consistentes com um estudo recente da McKinsey que constatou que praticamente metade das empresas cuja taxa de crescimento superou 15% entre 1994 e 1997 cresceu menos que 5% nos dez anos seguintes.[9] Embora essas observações sobre as dificuldades subsequentes não necessariamente invalidem as explicações para o sucesso histórico dessas empresas, elas ilustram claramente que mesmo as empresas historicamente melhores consideram tremendamente difícil promover a criação de valor sustentada.

Estratégia é Bobagem?

Não surpreende, talvez, que o ceticismo em relação à vantagem competitiva, como principal conceito de estratégia, esteja aumentando. Para começar, muitos críticos ressaltam que a natureza da vantagem competitiva está se tornando cada vez mais temporária, dado o ritmo acelerado das mudanças nos negócios, na tecnologia e na sociedade. Com muita frequência, novos ingressantes abalam baluartes estabelecidos trazendo modelos totalmente diferentes com custos consideravelmente menores. Neste ambiente, o que muitos enxergam como o ambiente de negócios do futuro, a vantagem competitiva parece ser uma ideia ultrapassada. Em vez disso, o foco está mudando para o desenvolvimento de estratégias mais dinâmicas que permitem às corporações navegar eficientemente nestes ambientes voláteis, incertos e altamente competitivos.

No entanto, a escola de pensamento "estratégia dinâmica" sofre de seu próprio problema: alguns adeptos acabam argumentando (ao menos implicitamente) que estratégia tem tudo a ver com reagir rapidamente a mudanças nas preferências do consumidor possibilitadas pela tecnologia. Inerente à noção primordial de estratégia está a ideia de direção; as empresas criam estratégias porque se veem embarcando numa jornada. Simplesmente lançar o barco e ver aonde os ventos vão levar não é jeito de se conduzir uma empresa. Para motivar as pessoas a trabalharem para sua empresa e convencer os investidores a bancar suas ideias, você precisa oferecer mais do que uma filosofia de reação. Desenvolver a capacidade de responder em um ambiente de incerteza é certamente crítico para a sobrevivência – crítico para substituir uma posição em dissolução – mas não é um substituto para a estratégia.

A outra abordagem pós-competitiva importante para a estratégia sofre de um problema semelhante. Num mundo em constante mudança, esta é a argumentação – as empresas devem testar seu caminho para o sucesso. A sequência é a seguinte: conduzir experimentos, obter feedback e então mudar apropriadamente. Aqui agir rapidamente, não pensar, é o

Introdução

que vale mais. Assim como a capacidade de responder, conduzir experimentos é central para manter a criação de valor, mas a probabilidade de que um conjunto de experimentos selecionados um tanto aleatoriamente revele novos valores substanciais é de fato muito pequena. Para que os experimentos tenham alta probabilidade de gerar valor real, uma lógica orientadora deve ajudar o gestor a escolher os melhores experimentos. O mundo das descobertas científicas é instrutivo quanto a esse respeito. Raramente é o ritmo ou o número de experimentos que leva a uma grande descoberta, mas sim a qualidade das teorias que guiam a seleção destes experimentos. Pense sobre a exploração do espaço: a maior parte do espaço é vazia, portanto se lançar num caminho exploratório aleatório tem pouca probabilidade de resultar em alguma descoberta, ao menos não rapidamente. Além disso, em geral, a realização de experimentos é extremamente custosa. Deixar simplesmente que mil flores desabrochem ao acaso provavelmente irá exaurir os fundos alocados antes que qualquer descoberta valiosa seja feita.

Definindo o Conceito

Então como exatamente é uma teoria corporativa? Eu a defino como uma *lógica que os gestores usam repetidamente para identificar dentre uma ampla gama de combinações possíveis de ativos, atividades e recursos, aqueles elementos complementares com probabilidade de criar valor para a empresa*. Neste sentido, é uma estrutura preditiva que gera hipóteses sobre quais ações estratégicas alternativas criarão valor em situações futuras do mundo previstas. Uma teoria corporativa eficiente possibilita experimentos conceituais poderosos e o raciocínio contrafactual, permitindo que uma corporação preveja resultados estratégicos muito antes que investimentos onerosos sejam empreendidos.

Uma teoria corporativa pode definir um conjunto de problemas do consumidor que a empresa considera vantajoso solucionar (pense na Apple), direcionando assim a combinação de ativos e atividades necessárias para este fim. Ela pode definir um domínio de ativos externos que a empresa percebe como singularmente vantajoso melhorar (pense na Danaher quando avalia quais aquisições perseguir), permitindo assim a descoberta de boas barganhas. Pode lançar luz em investimentos valiosos não identificados por outros (pense na Monsanto ao ingressar no campo da biotecnologia agrícola), permitindo um investimento valioso sustentado muito antes que outros reconheçam esse valor. Além disso, pode revelar complementaridade entre ativos identificados para aquisição, problemas a solucionar ou investimentos a empreender, onde o valor de perseguir um deles é substancialmente aumentado ao se perseguir os outros. Nesse sentido, uma teoria corporativa não é de fato uma estratégia em si, ao menos não no sentido de uma posição articulada ou uma vantagem competitiva. Em vez disso, é um *guia para a seleção de estratégias*, uma metaestratégia de modelos – uma estratégia para estratégias.

Embora a qualidade de uma teoria corporativa seja revelada nos resultados estratégicos que ela gera, teorias corporativas valiosas são necessariamente únicas, permitindo que as corporações persigam caminhos que as outras corporações não enxergam ou que não conseguem acessar. As teorias corporativas oferecem aos gestores uma visão ou perspectiva aprimorada de três formas principais. Primeiro, proporcionam uma capacidade de *antevisão* (*foresight*) da evolução de um setor, da tecnologia e das preferências relevantes do consumidor. Segundo, proporcionam uma *intravisão* (*insight*) sobre atividades, ativos e recursos exclusivos e sustentáveis que a empresa possui. Terceiro, proporcionam uma *extravisão* (*cross-sight*) de padrões de complementaridade entre ativos, atividades e recursos tanto internos da empresa quanto externos.

A teoria corporativa admirável da Disney e como ela reflete cada uma dessas visões serão abordadas em detalhe no Capítulo 1, mas para fundamentar o conceito inicial, a seguir está uma descrição simplificada da teoria da Disney:

A Disney acredita que personagens nobres e envolventes criados em mundos de fantasia visuais, em grande parte através de animação, terão um apelo amplo e duradouro para as crianças assim como para os adultos [antevisão] e isso sustentará o crescimento da criação de valor com o desenvolvimento de uma capacidade inigualável na produção de animações e de filmes próprios para toda a família [visão interna] e então agregará outros ativos de entretenimento que suportem e gerem valor a partir dos personagens e imagens desenvolvidos para esses filmes [visão externa].

O que vem a Seguir

Nas próximas páginas vamos explorar o conceito e a realidade da teoria corporativa, destacando sua importância nos esforços para sustentar a criação de valor e explorar seu papel central na orientação sobre uma gama de decisões estratégicas. Este livro está dividido em três partes:

Na Parte 1, discuto a elaboração da teoria corporativa. O Capítulo 1 ilustra o conceito e discute a fundo os principais atributos de uma teoria corporativa eficiente. O Capítulo 2 se concentra na importância crítica da singularidade na composição de uma teoria corporativa e no papel da singularidade em promover uma criação de valor sustentada. O Capítulo 3 examina a conclusão paradoxal de que as teorias corporativas mais valiosas são também as mais difíceis de financiar. Também expõe soluções para esse dilema.

A Parte 2 examina as dificuldades de combinar ativos e recursos que a teoria revela como geradores de valor. O Capítulo 4 destaca a lógica das decisões produzir-comprar e esclarece o papel que uma teoria corporativa desempenha nessas decisões. O Capítulo 5 explora o papel que a teoria corporativa desempenha na seleção das melhores maneiras de estruturar a relação com ativos, atividades e parceiros que residem otimamente fora da empresa.

A Parte 3 aborda a organização interna e a liderança da empresa. No Capítulo 6, exploro o papel central do design da organização em sustentar a criação de valor, destacando especialmente a necessidade de uma organização dinâmica de acordo com a teoria corporativa. O Capítulo 7 destaca o papel central do líder estrategista em organizações de todos os portes no desenvolvimento e teste de teorias de criação de valor.

Após ler o livro, você terá adquirido um bom conhecimento sobre como é uma teoria corporativa; um entendimento das implicações desta teoria em como a empresa constrói, adquire e acessa os ativos e recursos que sustentam a criação de valor e um discernimento sobre como lidar com os desafios da organização e da liderança envolvidos na implementação prática da teoria corporativa. Embora o livro destaque os elementos de uma teoria corporativa valiosa, ele não explicará o processo pelo qual você deve construir sua própria teoria corporativa. Esses processos são muito específicos ao contexto. No entanto, saber o que distingue uma boa teoria de uma ruim e saber como uma teoria modela um leque de decisões de implementação é um bom ponto de partida.

PARTE 1

Criando a Teoria Corporativa

CAPÍTULO 1

Antevisão, Intravisão e Extravisão

A criação de valor em todos os âmbitos, desde o desenvolvimento do produto até a estratégia, envolve um processo de recombinar criativamente de novas maneiras elementos já existentes.[1] James Burke, autor da série *Connections* da PBS, que documenta as origens das grandes descobertas, observou que: "... em nenhuma ocasião uma invenção surgiu do nada na cabeça de alguém... Você simplesmente precisa combinar da maneira certa algumas informações e elementos que já existem".[2] Steve Jobs caracterizou de forma semelhante o processo de design como "manter cinco mil coisas em seu cérebro....e combiná-las... de novas e diferentes maneiras para obter o que deseja".[3]

A tarefa do estrategista corporativo não é diferente. É combinar ativos disponíveis, capacidades e atividades de novas maneiras em busca de vantagem competitiva para a empresa. No entanto, mais importante, a tarefa do estrategista corporativo é fazer isso com sucesso repetidamente. É como ele se fosse um explorador quase cego percorrendo uma região acidentada e montanhosa em busca constante de um pico mais alto. Como não pode ver o terreno claramente, ele deve desenvolver uma teoria sobre o que encontrará a partir de um conhecimento existente e de experiências passadas. Então, ao conduzir experimentos estratégicos, o que no mundo corporativo representa combinar ativos e atividades, ele adquire uma visão mais clara de uma porção limitada desta topografia.

Experimentos estratégicos podem ser custosos e demorados. Podem requerer vários anos para ser estruturados, e frequentemente envolvem investimentos altamente específicos e, em grande parte, irreversíveis. Consequentemente, empreender uma busca experimental puramente aleatória para encontrar mais valor é inaceitável. É por isso que bons estrategistas compõem teorias sobre como navegar neste terreno. Assim como a teoria de um cientista, a teoria do estrategista gera hipóteses que guiam as ações.[4] As teorias definem expectativas sobre relações causais: *Se o mundo funciona de acordo com minha teoria, então esta ação irá produzir o seguinte resultado.* Elas são dinâmicas e atualizadas com base em evidências ou em feedback recebido. Permitem experimentos analíticos de baixo custo, minimizando investimentos caros mal direcionados.

Assim como as teorias acadêmicas permitem aos cientistas gerar conhecimentos inovadores, as teorias corporativas geraram ações estratégicas criadoras de valor. Gestores mais eficientes compõem teorias mais precisas e poderosas – teorias que abrem uma janela para experimentos valiosos – um caminho rumo ao valor e a um domínio de ações geradoras de valor. A história da Walt Disney Company oferece um exemplo extraordinário de uma teoria corporativa brilhante.

A Melhor Teoria Já Revelada

Walt e Roy Disney fundaram a Walt Disney Productions em 1923. A empresa logo se tornou a melhor produtora de animação do mundo, visto que os irmãos, principalmente Walt, promoveram uma série de avanços na arte, tecnologia e prática da animação. Mas foi no final da década de 1940 e início da de 1950 que Walt idealizou o que indiscutivelmente foi sua maior criação – uma teoria corporativa para a companhia – um retrato claramente definido de como ela sustentaria a criação de valor na indústria do entretenimento.

A teoria de Walt Disney definiu a composição da empresa, esclareceu a relação entre ativos individuais e os recursos envolvidos em cada um e revelou rumos para os investimentos presentes e futuros. Ele retratou esta teoria no mapa notável mostrado na Figura 1-1 extraído dos Arquivos da Walt Disney. O mapa mostra o leque de ativos relacionados ao entretenimento – livros, música, revistas, histórias em quadrinho, parques temáticos e bens de consumo – rodeando a atividade principal de produção cinematográfica, particularmente, as animações. Os arquivos contêm diversas versões desta teoria, que evoluiu ao longo do tempo.

O mapa também descreve uma ampla rede de conexões sinérgicas entre os diferentes negócios e ativos, muitos vinculados diretamente ao ativo principal de produção de animações. Histórias em quadrinhos "promovem filmes", e filmes "geram material para" histórias em quadrinhos. O parque temático Disneylândia, "divulga filmes," e o filme "divulga o parque." A TV "anuncia produtos da divisão de música," e a divisão de filmes "gera canções e talentos" para a divisão de música. Este diagrama é mais do que uma simples descrição dos ativos. Ele oferece uma visualização de como os ativos estão fortemente interligados de forma complementar, de maneira que o valor de uma atividade ou ativo é aumentado na presença de outro. Conforme observado na Introdução, a teoria de Walt Disney pode ser resumida assim:

> A Disney acredita que personagens nobres e envolventes criados em mundos de fantasia visuais, em grande parte através de animação, terão um apelo amplo e duradouro para as crianças assim como para os adultos, e a empresa sustentará o crescimento da criação de valor com o desenvolvimento de uma capacidade inigualável na produção de animações e de filmes próprios para toda a família e então agregará outros ativos de entretenimento que suportam e geram valor a partir dos personagens e imagens desenvolvidos para esses filmes.

FIGURA 1-1
Mapa da Teoria de Criação de Valor em Entretenimento de Walt Disney

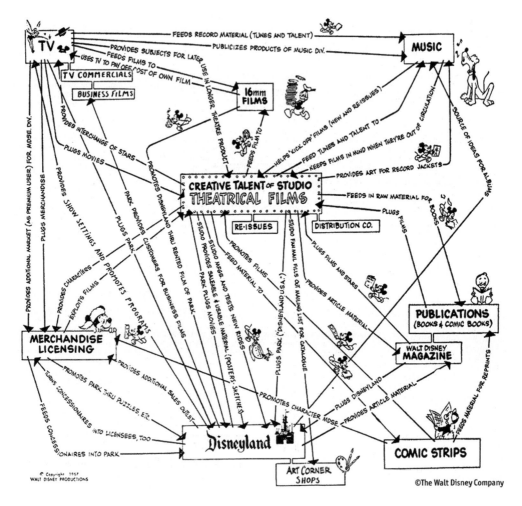

Fonte: The Walt Disney Company. ©1957 Disney

A teoria de criação de valor de Walt Disney continha vários elementos-chave. Definiu um ativo valioso e único; identificou padrões de complementaridade entre todos os ativos e revelou implicitamente uma imagem da evolução futura do setor. Embora essa teoria tenha claramente evoluído ao longo do tempo, os elementos centrais nunca mudaram. Essa teoria corporativa não definiu meramente uma posição no mercado; em vez disso, proporcionou um guia para décadas de investimentos futuros – uma trajetória para a criação de valor sustentável. A empresa continuou a identificar e combinar novos produtos, serviços e ativos que se adequavam à teoria. Em última análise, o sucesso dessa teoria influenciou o desempenho no mercado de produtos visto que sua execução produziu vantagens de preço ou de custo nesses mercados. Por exemplo, a Walt Disney Company obteve vantagens de custo em suas publicações porque pôde exportar barato imagens e diálogos de seus filmes; produzir um livro infantil para a Disney custava uma fração do que seus competidores gastariam para o mesmo tipo de produto. Da mesma forma, graças em parte a seus investimentos em animações, a Disney podia cobrar preços mais altos nos parques temáticos e mesmo assim gerar um tráfego tremendo.

Sob muitos aspectos, o poder da teoria de Walt Disney foi mais evidente no declínio do desempenho da empresa após sua morte. A liderança na Disney primeiro passou para Card Walker e depois para Ron Miller, genro de Walt e ex-jogador do Los Angeles Rams, a quem Walt convenceu a deixar o futebol americano para se juntar à organização. Surpreendentemente, no espaço de 15 anos após a morte de Walt Disney, a empresa parecia ter perdido totalmente de vista sua teoria, e no início da década de 1970, seus investimentos haviam se desviado das animações. No processo, a máquina de criação de valor parou. O movimento na Disneylândia estagnou. A receita com filmes diminuiu. A arrecadação de taxas de licenciamento dos personagens para produtos de consumo também caiu. O programa de TV *O Maravilhoso Mundo da Disney*, que as famílias se reuniam todos os domingos para assistir no que parecia uma confraternização de âmbito nacional, foi retirado da grade da TV aberta para ser relançado nas noites de sábado, só para ser definitivamente excluído das redes com o lançamento do canal a cabo da empresa. No final da década de 1970, a franquia da Disney que muitos aprenderam a amar quando crianças praticamente desapareceu.

A desorganização estratégica na Disney era tão profunda que em 1984, os especuladores corporativos tentaram o inimaginável – uma aquisição hostil. No processo, eles ameaçaram desmantelar a Disney. Saul Steinberg, o notório especulador corporativo, adquiriu uma participação acionária de 6% da Disney e rapidamente avançou rumo a adquirir 25% da empresa. Para financiar esta empreitada, Steinberg propôs desmantelar a Disney e atraiu investidores externos ávidos em adquirir ativos de peso, tais como o acervo de filmes da empresa e imóveis valiosos no entorno dos parques temáticos. O mercado de capitais sinalizou claramente que o desmantelamento proposto por Steinberg era mais valioso do que a Walt Disney Company em seu rumo atual. O conselho de administração se deparou com a decisão de manter Ron Miller como CEO, vender os ativos para Saul Steinberg ou encontrar um novo gestor.

Optaram pela terceira alternativa contratando Michael Eisner, que prontamente redescobriu a teoria original de Walt Disney sobre como criar valor na indústria do entretenimento. Guiado por ela, Eisner investiu pesado na produção de animações, com Jeffrey Katzenberg à frente da iniciativa. O que se seguiu foi uma série de sucessos começando com *Oliver e sua Turma*, depois *A Pequena Sereia* e o *Rei Leão*. A fatia da bilheteria na receita passou de 4% para 19% e a de locação e venda de vídeos saltou de 5,6% para 21%.

Eisner também impulsionou agressivamente o licenciamento de personagens Disney, resultando num crescimento na receita operacional deste negócio entre 1984 e 1994. A frequência e as margens nos parques temáticos cresceram dramaticamente, exigindo mais investimentos em hotéis para atender um aumento de sete vezes no volume de visitantes. Eisner também diversificou desenvolvendo novos ativos e atividades, incluindo lojas, cruzeiros, musicais na Broadway e filmes.

Antevisão, Intravisão e Extravisão   41

Esses novos investimentos seguiram a lógica da teoria de Disney. Os musicais utilizaram personagens e roteiros das animações. Os cruzeiros adotaram os personagens e adaptaram o entretenimento dos parques temáticos e dos musicais. As lojas promoveram todos os ativos da Disney, incluindo os parques, os cruzeiros e uma extensa linha de produtos relacionados aos personagens. Ao retomar a teoria de Disney e empreender agressivamente ações estratégicas consistentes com esta, Michael Eisner conduziu a Walt Disney Company a uma fenomenal criação de valor. Sob sua liderança, a capitalização de mercado da Disney disparou de 8,1 bilhões de dólares em 1984 para 28 bilhões em 1994.

Foi uma empreitada notável, mas por fim perdeu gás. Entre 1994 e 2004, o valor acumulado da empresa cresceu meros 22%. O que deu errado? É possível que a Disney tenha simplesmente esgotado todos os experimentos estratégicos valiosos que a teoria revelou, e o que restou foi a busca por oportunidades e ativos com pouca probabilidade de gerar valor. Sendo assim, embora a iniciativa de musicais da Broadway tivesse forte complementaridade com as animações, o licenciamento de personagens e os parques temáticos, outras iniciativas estratégicas – tais como a aquisição de uma estação de TV de Los Angeles ou a compra do time de beisebol California Angels – não dispunham das mesmas sinergias. Se foi esse o caso, a incapacidade da teoria de revelar novas fontes de valor foi a causa direta da estagnação do preço da ação da Disney e era hora de criar uma nova teoria.

Uma explicação alternativa é simplesmente que a Disney teria novamente perdido o rumo e falhou em agir ou fazer investimentos consistentes com sua teoria. Muito parecido com o período após a morte de Walt Disney, o principal ativo da empresa, as animações, diminuiu substancialmente durante a última década do comando de Eisner. Muitos culparam seu estilo de gestão abrasivo pela perda do importante talento em animação. Conclusão – o grupo de animações fracassou em acompanhar as tendências tecnológicas e a posse do melhor ativo do mundo em animação passou consequentemente da Disney para a Pixar. Embora a Disney tivesse acesso a este ativo por meio de um contrato de cinco filmes de animação digital (CGI), sua máquina de criação de valor foi impulsionada por um motor que ela não possuía. A relação entre a Disney e a Pixar ficou cada vez mais contenciosa e finalmente se rompeu um pouco antes de Eisner deixar o comando. O novo CEO da Disney, Robert Iger, reconheceu claramente a importância da animação na teoria corporativa da empresa e rapidamente partiu para comprar a Pixar, gastando mais de US$ 7 bilhões. Com isso, ele recuperou para a Disney a posse do ativo mais central da teoria de criação de valor da empresa. (volto à discussão sobre incidente específico no Capítulo 4).

Mais interessante, talvez, é que Iger identificou novos ativos potencialmente essenciais que ele acreditava poderem complementar a constelação de capacidades e recursos da Disney: a franquia de super-heróis da Marvel Comics e a franquia *Guerra nas Estrelas* da Lucasfilms. Ambas apresentavam personagens muito diferentes daqueles fortemente baseados em princesas historicamente criados e sustentados pela Disney. Ainda permanece uma incógnita se esses ativos representam uma extensão da teoria original de Walt Disney sobre como a criação de valor funcionava e irão ampliar o terreno que a máquina de criação de valor da empresa pode cobrir, ou se essas ações forçarão a Disney a modificar sua teoria. Mas qualquer que seja o resultado dos experimentos Marvel e Lucas, é indiscutível que a teoria da Walt Disney Company ofereceu um guia para o crescimento da criação de valor que perdurou durante muitas décadas após a morte de seu fundador – um exemplo notável do poder de uma teoria corporativa de levar adiante as intenções e de sustentar o sucesso estabelecido por um líder brilhante.

As Três "Visões" da Estratégia

A estratégia da Disney contempla todos os pilares de uma teoria corporativa poderosa. Proporcionou consistentemente à alta administração uma visão aprimorada – uma ferramenta usada repetidamente na seleção, aquisição e na organização de grupos de ativos complementares, atividades e recursos. Mais importante, a representação gráfica de Walt Disney não era uma estratégia em si, mas um guia para a *seleção de estratégias* – uma teoria que moldaria as ações estratégicas de criação de valor, incluindo aquisições, investimentos e planejamento organizacional.

Conforme abordado brevemente na Introdução, teorias corporativas proporcionam aos gestores uma visão, ou perspectiva, aprimorada de três formas principais, como é ilustrado na Figura 1-2. Primeiro, elas definem uma *antevisão* com relação à evolução de um setor e às exigências e preferências do consumidor. Segundo, elas proporcionam uma *intravisão*, ou *visão interna*, com relação a ativos, recursos e atividades únicas sustentáveis que a empresa possui. Terceiro, proporcionam uma *extravisão*, ou *visão externa*, revelando padrões de complementaridade entre ativos, atividades e recursos tanto internos quanto externos à empresa. Vamos examinar cada um desses componentes por vez.

FIGURA 1-2

Pilares da teoria corporativa

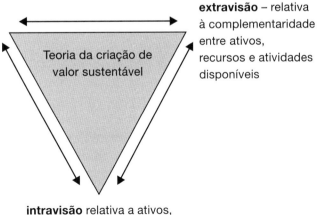

Antevisão

Uma teoria corporativa eficiente articula as crenças e expectativas sobre como um setor evoluirá. Pode prever futuras preferências ou demandas do consumidor. Pode antever a trajetória evolutiva de tecnologias relevantes ou prever ações competitivas dos concorrentes. Em última análise, esta antevisão oferece uma orientação sobre quais ativos, recursos e atividades se mostrarão particularmente valiosas em situações futuras previstas.

A antevisão deve ser relativamente específica assim como um tanto distinta do conhecimento recebido. Se for muito genérica, não identificará quais opções e ativos são valiosos. Se a visão oferecida for altamente compartilhada, então as opções e ativos revelados serão tanto caros de adquirir, visto que outros competem por eles, como não únicos e, portanto, incapazes de entregar vantagem competitiva. A antevisão de Walt Disney era de que mundos da fantasia apropriados para toda a família teriam um grande apelo e que poderiam ser particularmente bem desenvolvidos através da animação. Embora outros concorrentes tenham experimentado a animação, a Disney foi a única empresa a enxergar o enorme potencial de encantar os espectadores e de investir apropriadamente.

Ainda que teorias sejam diferentes quanto à precisão das previsões implícitas, uma boa antevisão certamente eleva o valor esperado dos experimentos estratégicos resultantes. Portanto, uma primeira prova de fogo na avaliação de uma teoria corporativa é se ela proporciona uma antevisão do valor futuro das decisões estratégicas.

Intravisão

Teorias corporativas eficientes identificam ativos, atividades e recursos valiosos processados unicamente pela empresa. Se os concorrentes possuem ativos iguais aos seus, podem replicar suas ações estratégicas com uma capacidade igual ou até mais refinada, minando qualquer valor inerente a sua antevisão. Uma teoria corporativa eficiente é, portanto, específica da empresa, refletindo um entendimento profundo dos ativos e atividades existentes. Ela identifica aqueles que são raros, distintivos e valiosos.[5] A principal sacada da Disney foi reconhecer o valor de sua liderança precoce e o investimento substancial em animação além de sua capacidade de criar personagens únicos e atemporais que, ao contrário dos atores reais, não precisavam de agentes. Aqui, a prova de fogo é se a teoria corporativa identifica eficientemente o que é valioso internamente na empresa, ajudando assim a revelar um conjunto de ações estratégicas que a empresa está em posição única de empreender.

Extravisão

Uma teoria corporativa eficiente joga luz sobre interdependências valiosas entre ativos, atividades e recursos disponíveis para a empresa, revelando em particular aqueles que são complementares aos ativos e capacidades únicos que ela possui. Conforme observado anteriormente, é esta busca por *complementaridade* – a busca por cenários onde a presença de um elemento aumenta o valor de outros – que define o rumo da criação de valor. O princípio se aplica a todas as formas de planejamento para criação de valor. Sendo assim, o reconhecimento dos inventores da complementaridade entre a carruagem movida por cavalos, a bicicleta e o motor de combustão interna acabou gerando ao automóvel – um reconhecimento de que uma carruagem com quatro rodas dirigível era mais valiosa quando conectada criativamente com a tecnologia de transmissão por engrenagem da bicicleta e a fonte de energia do motor de combustão interna.[6]

Para a Disney, a notável extravisão inerente a sua teoria possibilitou uma busca filtrada por investimentos e ativos (parques temáticos, livros, música, hotéis, cruzeiros, etc.) que poderiam alavancar os personagens únicos criados em seus filmes, em grande parte as animações. Como o desafio de sustentar valor é desenvolver repetidamente combinações de ativos, atividades e negócios que criam valor, a extravisão revelada em uma teoria bem elaborada é crítica.[7] Portanto, a prova de fogo final da eficiência de uma teoria corporativa é sua capacidade de revelar informações sobre o valor de diversas combinações de ativos e recursos disponíveis tanto interna quanto externamente.

Quando a Teoria Guia a Estratégia: A Teoria de Criação de Valor de Steve Jobs

Esses elementos de uma teoria corporativa valiosa – antevisão, intravisão e extravisão – atuam de forma interativa para proporcionar ao gestor uma visão estratégica. A antevisão relativa a futuras demandas, tecnologias e preferências do consumidor revela domínios onde procurar atividades, recursos e ativos complementares. Intravisões claras sobre ativos únicos direcionam o processo de antevisão sobre a evolução do setor, da tecnologia ou das preferências do consumidor e guiam a extravisão na busca do que é complementar aos ativos únicos que a empresa possui. Por fim, a extravisão, ou uma perspectiva clara das complementaridades valiosas, pode revelar ativos possíveis de adquirir, desenvolver ou combinar e destacar o domínio onde a antevisão se faz necessária. A forma como a teoria corporativa de Steve Jobs moldou a Apple proporciona um exemplo excelente.

Em 10 de agosto de 2011, a Apple ultrapassou a Exxon tornando-se a empresa mais valiosa do mundo – uma façanha notável para uma companhia fundada em 1976 e essencialmente deixada à beira da morte em 1997. Não faltam explicações para o sucesso da Apple ao longo dessas décadas. Embora esse sucesso tenha sido corretamente creditado a Steve Jobs, a verdadeira fonte de sua genialidade foi omitida em grande parte. A grande criação de Jobs não foi um produto, um plano ou um estilo de gestão. Em vez disso, sua genialidade estava numa teoria de criação de valor em eletrônicos de consumo profundamente antagônica que muitos especialistas do setor o aconselharam a abandonar. Embora os detalhes da história da Apple sejam de conhecimento geral, uma breve revisão ilustra o papel central que a teoria de Jobs desempenhou no sucesso da empresa.

Esta teoria tem sua origem nos primórdios da computação pessoal. O computador Apple II, que pode ser considerado como o estreante deste setor, foi lançado em 1977. O mecanismo interno foi ideia do cofundador da Apple Steve Wozniak, mas Jobs merece o crédito pelo pacote amigável, o design externo atraente e, mais importante, o foco do marketing e a mensagem que lançou o produto para os consumidores com uma tremenda fanfarra. Conforme comentou Regis McKenna, um dos primeiros consultores de RP da Apple, "O Apple II... estaria numa prateleira das lojas de hobby hoje se não fosse por Jobs".[8]

Uma onda de ingressantes no espaço da computação pessoal se seguiu. Cada qual trazendo seu próprio software e plataforma de hardware únicos. Mas em 1981, o setor foi transformado quando a IBM, com a colaboração de parceiros de peso (Intel e Microsoft), lançou o IBM PC. Foi um sucesso imediato, amplamente aplaudido por sua arquitetura aberta. Em pouco tempo o setor caminhou para a produção de software e hardware compatíveis com a IBM. Máquinas mais baratas e rápidas com maior capacidade de armazenamento logo definiram o sucesso competitivo. Plataformas concorrentes desapareceram rapidamente, e se seguiram 15 anos de competição intensa entre fabricantes de PCs e softwares.

Mas Jobs aderiu a um conjunto muito diferente de dimensões de desempenho, refletindo uma teoria de criação de valor muito distinta. Essa teoria não só guiou a estratégia subsequente da Apple em computação, como também definiu uma sucessão de iniciativas e decisões futuras. Ela ganhou mais clareza com o tempo, mas essencialmente especificava que *os consumidores pagariam um adicional pela facilidade de uso, pela confiabilidade e pelo design elegante na computação e mais adiante em outros dispositivos digitais, e que o melhor meio para entregar isso era um sistema relativamente fechado com significativa integração vertical e investimento pesado em design eficiente.*

Assim como a teoria de Walt Disney, a teoria de Steve Jobs incluía todas as três visões estratégicas. Ela oferecia uma *antevisão* clara sobre a evolução das preferências do consumidor e da capacidade da Apple de moldar essas preferências. Jobs reconheceu que os computadores se tornariam um bem de consumo. Ao contrário dos concorrentes, ele acreditava que os consumidores apreciariam a estética e aspirou criar um dispositivo com a elegância de um Porsche ou de um eletrodoméstico bem desenhado.

A sacada de Jobs era que a capacidade interna da empresa mais crítica para a criação de valor em seu terreno competitivo era o design. Obviamente, isso era em parte um reflexo de seus interesses e personalidade. Jobs se considerava um artista – obcecado por cor, acabamento e formato – mas ele transferiu sua obsessão para a tecnologia também. Ao contrário de seus concorrentes, Jobs insistiu no controle total de um sistema fechado – mantendo o domínio estrito da tecnologia da Apple e de qualquer software ou hardware complementar. Conforme seu biógrafo, Walter Issacson, comenta: "Ele se coçava todo, ou até pior, só de pensar no maravilhoso software da Apple rodando num hardware ordinário de outra empresa, e da mesma forma, era alérgico à ideia de aplicativos piratas ou outro tipo de conteúdo poluindo a perfeição de um dispositivo da Apple".[9] Ao perseguir este forte foco em design, a Apple fez grandes investimentos em P&D, muito maiores em termos percentuais do que qualquer um de seus concorrentes.

A teoria de Jobs também proporcionava uma *extravisão* que o ajudou a identificar recursos e ativos externos que a Apple poderia usar na construção de sua capacidade de desenhar produtos elegantes e fáceis de usar. Anteriormente, durante uma visita fatídica à Xerox PARC, Jobs reconheceu o tremendo valor da interface gráfica da Xerox (GUI). O software que a Xerox havia desenvolvido era impressionante, especialmente devido à alternativa existente, onde a navegação ocorria através de comandos no prompt C:>. A tecnologia por trás da GUI, assim como as fontes elegantes e as incríveis imagens gráficas que ela suportava – era a tecnologia de *bitmapping*, em que o computador controlava cada pixel separadamente. Durante sua visita, Jobs expressou repetidamente sua incredulidade de que a Xerox não estava comercializando esta tecnologia. Ele reconheceu que era um caminho para introduzir a computação para as massas através de um dispositivo elegante e fácil de usar – em outras palavras, ele percebeu que o valor da tecnologia residia no fato de que ela poderia complementar e suportar poderosamente um bom design. O fato de que os outros falharam em enxergar este valor reflete a verdadeira natureza antagônica da teoria de Jobs. O valor parece óbvio hoje, é claro, mas era muito menos óbvio na década de 1970, quando os computadores pessoais eram vistos por muitos como um brinquedo para nerds entusiastas com potenciais aplicações comerciais em vez de bens de consumo eletrônicos para o mercado de massa e um importante impulsionador da produtividade pessoal. O que aconteceu depois foi talvez um dos maiores roubos de tecnologia da história, visto que a tecnologia da Xerox, comercializada primeiro pela Apple (e mais tarde pela Microsoft) iria revolucionar a computação.[10]

O Macintosh foi a primeira materialização plena da teoria de Jobs, e obteve ampla aprovação e margens extraordinariamente altas (conforme Jobs previu). Mas o padrão da IBM já estava bem estabelecido e o retorno financeiro do sistema PC era extraordinário. Embora o Mac tenha prosperado como um produto de nicho rentável, a jogada estratégica óbvia para a Apple, defendida por Bill Gates e por muitos outros, seria transferir a aparência e a funcionalidade do sistema operacional Macintosh para a plataforma IBM. Mas Jobs não tinha interesse por esta jogada, nem por qualquer outra para adotar o padrão aberto da concorrência. Qualquer iniciativa desse tipo seria totalmente inconsistente com sua teoria.

Por mais de 15 anos essa decisão foi ridicularizada e criticada. A opinião geral era que a Apple tinha cometido erros terríveis em não abrir seu sistema operacional, não vender software baseado em Windows para o IBM PC, não comercializar suas impressoras para PCs compatíveis com o IBM e não vender aplicações de rede para a plataforma PC. O argumento era de que a Apple poderia ter sido a Microsoft no software, a HP nas impressoras e a Novell ou a Cisco nas redes, e que a Apple desperdiçou seus extraordinários recursos, capacidades e plataformas técnicas.

No entanto, foi Jobs quem riu por último, e sua volta para a Apple em 1996, pouco depois de a empresa em dificuldades ter sido comparada pela HP, Sun e inclusive a IBM, agora é uma lenda corporativa. A maioria dos observadores previu que Jobs iria simplesmente preparar a empresa para a venda. Em vez disso, ele reimpôs sua teoria vingativamente, enxugando o leque de produtos e lançando uma nova linha de produtos Macintosh não disponíveis para licença. Mais importante, ele usou sua teoria para explorar um terreno adjacente à computação pessoal, usando a notável extravisão de sua teoria para identificar outros eletrônicos de consumo em que o design e a facilidade de uso poderiam transformar seu valor. O resultado foi o lançamento de produtos surpreendentemente bem-sucedidos em uma ampla variedade de categorias.

Em sua maioria, os novos produtos da Apple não representaram uma inovação tecnológica. A empresa não foi a primeira a criar ou montar um acervo de música digital. Não inventou o tocador de MP3, nem o smartphone ou o tablet. Mas foi a primeira a desenhar e configurar esses dispositivos num estilo elegante e fácil de usar, a incluir produtos e infraestruturas complementares e a lançar mão de um marketing sofisticado. A Apple demonstrou que a teoria de Jobs possuía uma aplicação que ia além da computação, abrangendo setores e categorias de produtos que variavam de TVs, a sistemas de vídeo, entretenimento em casa, e-readers e o fornecimento de informações – inclusive sistemas automotivos – como possíveis alvos. Portanto, o legado de Jobs, assim como o de Walt Disney, não foi uma linha de produtos, mas sim uma teoria de criação de valor desenvolvida em um contexto que posicionou a Apple para perseguir uma sucessão de experimentos e ações estratégicas que entregaram, e cuja previsão é que continuem entregando, valor para os acionistas da empresa, assim como para seus consumidores maravilhados.

Quando Falta uma Teoria à Estratégia – AT&T

Nem todas as teorias corporativas são criadas da mesma forma, entretanto, algumas empresas nunca descobrem uma que lhe seja valiosa. A história da AT&T é um exemplo.

Em 1984, sete operadoras regionais da Bell (ORBs) derivaram de uma cisão da AT&T. Nesta reorganização, a AT&T também foi proibida de oferecer serviços de telefonia locais e seus ativos foram reduzidos de US$150 bilhões para US$34 bilhões. Para a AT&T, sobraram o serviço de telefonia de longa distância, o braço de manufatura (Western Electric) e a divisão de P&D, a Bell Labs.[11] Sem um caminho claro de crescimento, a AT&T precisava de uma nova teoria de criação de valor.

As primeiras ações estratégicas da AT&T após a partição sugerem que seus líderes tinham, ao menos implicitamente, uma teoria parcial através da qual alavancariam o que percebiam como uma ampla competência gerencial para investir o considerável fluxo de caixa gerado pelo serviço de longa distância em diversas aquisições e em novos negócios. A dificuldade de articular a antevisão, intravisão e extravisão implícitas dessa teoria, entretanto, revela suas profundas deficiências. Para a AT&T, a antevisão implícita era de que a empresa podia identificar tendências em setores sobre os quais tinha relativamente pouco conhecimento. A intravisão implícita era uma crença de que a companhia tinha uma capacidade de gestão geral que lhe permitiria administrar e infundir valor em um leque diversificado de investimentos. A extravisão implícita é praticamente impossível de identificar, já que o ativo sendo alavancado tinha uma aplicação tão abrangente que inúmeros outros ativos eram alvos possíveis. A extravisão parecia refletir uma crença simplista de que mais diversificação geraria mais valor. Ao longo de vários anos seguintes, a empresa fez investimentos consistentes com esta teoria implícita. Em 1987, ela diversificou sua atuação para rede de dados, expandindo seu sistema operacional UNIX.[12] Em 1990, entrou no campo dos serviços financeiros com o lançamento de seu cartão de crédito Universal Card. Em 1991, adquiriu a NCR Corporation em resposta ao que enxergou como uma crescente convergência entre telecomunicações e computação e na esperança de que a aquisição pavimentaria a estrada para a AT&T se tornar uma empresa verdadeiramente global. Em 1996, a AT&T lançou um negócio de provedor de serviços de Internet, a Worldnet, visando competir com a AOL.

Mas o mercado não se mostrou impressionado nem convencido de que qualquer dessas iniciativas geraria novo valor para a empresa. Então em 1995, em resposta à pressão do mercado, a AT&T abandonou sua teoria de diversificação, anunciando que iria se desfazer de dois ativos-chave. A NCR e a Lucent Technologies, uma iniciativa que essencialmente dividiu a AT&T em três companhias diferentes. Enquanto isso, o negócio principal de telefonia de longa distância continuava em declínio, acelerado pela Lei das Telecomunicações de 1996, que permitiu que as ORBs competissem com a AT&T.[13]

A esta altura, a gerência pareceu mudar para uma nova teoria que refletia uma crença no valor de adquirir "a última milha" de conexão com consumidores locais e oferecer um pacote de serviços que incluíam telefonia, Internet de banda larga e a cabo. A AT&T declarou que sua meta seria "conectar-se com consumidores a qualquer distância, de todas as formas, com qualquer um, em qualquer lugar."[14] Esta teoria era claramente mais coerente. Sua antevisão previa a explosão da Internet e da TV por assinatura. Sua intravisão reconhecia o valor de possuir a conexão com os lares. Infelizmente, no curto prazo ao menos, a extravisão era mais limitada, revelando pouco além do valor de adquirir esta última milha de acesso aos lares, precisamente o ativo que sua cisão havia removido. Essa teoria levou a uma série de aquisições caras de companhias de cabo entre 1998 e 1999 totalizando em mais de US$80 bilhões. Infelizmente, a teoria não era única à AT&T, um atributo crítico de uma teoria eficiente que será abordado no Capítulo 2. Outras empresas possuíam teorias semelhantes e também enxergaram valor no acesso última milha, especificamente no ativo cabo. Os preços de compra, portanto, refletiram esta visão amplamente compartilhada. O preço médio que a AT&T pagou por assinante superou US$4.000, um valor que só poderia se justificar através de um crescimento muito agressivo na receita.

Inicialmente, o mercado aplaudiu essas iniciativas, levando o preço da ação da AT&T a uma alta recorde de US$59 em julho de 1999. Mas em maio de 2000, o preço da ação da empresa havia caído para US$40, deixando o valor de mercado da AT&T pela primeira vez abaixo daquele de uma de suas derivadas Baby-Bell (SBC). Em setembro de 2000, o valor da ação da empresa caiu para menos de US$30, devido em parte ao declínio contínuo na receita com telefonia de longa distância. Mas também ficou cada vez mais claro que o lucro com o conteúdo digital que fluía através desses cabos de última milha não conseguiam no médio prazo justificar o preço pago. Analistas e investidores novamente começaram a pedir uma mudança estratégica, em particular um desmembramento da estratégia presente de pacotes de serviços. Conforme o CFO Chuck Noski comentou: "... no início de 2000, a empresa, numa somatória das unidades de base, estava subavaliada em praticamente todas as medições em um montante considerável".[15] Em resposta, a AT&T começou a questionar sua teoria corporativa de criação de valor, ao menos sua capacidade de vender essa teoria para Wall Street. O CEO Michael Armstrong expressou extrema frustração com a inabilidade de Wall Street em avaliar o valor de suas diferentes unidades de negócios.[16]

Em 25 de outubro de 2000, foi anunciado o projeto "Grand Slam" que essencialmente abandonava a teoria última milha. A AT&T anunciou que promoveria a cisão de suas divisões de banda larga e TV a cabo em quatro unidades separadas. Banda larga e TV cabo se tornariam empresas separadas; as divisões corporativa e de consumo permaneceriam sob o mesmo teto, mas conduzidas em operações separadas com o desempenho da unidade de consumo vinculada a uma *tracking stock* (ações negociadas com base no desempenho de uma divisão). O plano era que essas quatro partes compartilhassem a marca AT&T.

A busca da AT&T por uma teoria de criação de valor factível terminou cinco anos mais tarde quando a organização finalmente decidiu que outras empresas podiam criar mais valor com seus ativos remanescentes do que ela própria, e se colocou à venda. Era uma declaração implícita de que a AT&T acreditava que as teorias dos outros sobre o que fazer com os ativos dela AT&T, quando unidos aos ativos e capacidades destes, excedia qualquer valor que a AT&T podia criar com sua própria teoria. Em 2005, a AT&T, no passado a maior empresa do mundo, foi comprada pela SBC, um amálgama de várias das Baby Bels derivadas da AT&T, e a companhia como um todo foi renomeada de at&t. Num relato cômico sobre as inúmeras mudanças complexas da empresa ao longo dos anos, o humorista Steven Colbert comentou que a empresa passou desse "AT&T para esse at&t".

LIÇÕES APRENDIDAS

A principal conclusão desse capítulo é simples. Enquanto a criação sustentável de valor demanda uma busca contínua por novos ativos e negócios complementares, o sucesso sustentável nessa busca demanda uma teoria corporativa bem articulada. Na ausência dessa teoria, ações estratégicas são pouco mais do que iniciativas aleatórias. O psicólogo Kurt Lewin comentou que "Não há nada tão prático quanto uma boa teoria".[17] As teorias proporcionam uma visão única; revelam experimentos estratégicos promissores – experimentos capazes de gerar valor. Teorias bem elaboradas oferecem três tipos específicos de visão:

- Uma **antevisão** sobre preferências de mercado, oportunidades e tecnologias.

- Uma **intravisão** sobre quais ativos e recursos únicos a empresa deve possuir ou alavancar para explorar melhor sua antevisão.

- Uma **extravisão** sobre quais ativos e oportunidades de investimento atualmente externos à empresa são consistentes com sua antevisão e representam bons complementos para os ativos e capacidades atuais da empresa.

A visão de uma teoria possibilita experimentos de lógica: *Se minha teoria descreve com precisão meu mundo, então se eu escolher esta opção estratégica, o seguinte vai ocorrer.* Uma teoria pode ser dinâmica e ser atualizada com base em contraprova e feedback. Assim como as teorias acadêmicas permitem aos cientistas gerar conhecimentos inovadores, as teorias corporativas geram ações estratégicas que criam valor. Elas oferecem a visão necessária para entrar em terrenos desconhecidos, orientando a seleção de experimentos estratégicos incertos necessários.

Conforme será abordado no Capítulo 2, vital para a capacidade de uma teoria gerar valor é singularidade ou unicidade da visão que ela proporciona. Teorias eficientes em sustentar a criação de valor revelam valor em ativos que estão disponíveis unicamente para a empresa. Caso contrário, sua empresa irá adquirir ativos a um preço em que o valor proporcionado não compensa a aquisição. Vejamos por que isso acontece.

CAPÍTULO 2

A Unicidade Imperativa

O verdadeiro poder de uma teoria corporativa bem elaborada se torna evidente à medida que as empresas vão às compras dos ativos para testar suas teorias. A criação de valor através de mercados sempre se resume ao preço pago, e uma boa teoria corporativa permite ao comprador identificar barganhas apenas distinguidas ou disponíveis para ele. A Mitall Steel é um bom exemplo. Desde sua origem em 1976 até 1989, a Mittal Steel era um player muito pequeno no mercado global de aço arruinado pela baixa lucratividade. Suas operações consistiam somente de uma pequena usina na Indonésia. A Mittal aplicou uma tecnologia nova na época de processamento de minério de ferro (redução direta de minério de ferro- DRI, ou ferro-esponja) para produzir aço e depois simplesmente se expandiu com o crescimento econômico da Indonésia.

Então, em 1989, a Mitall adquiriu uma siderúrgica em dificuldades de propriedade do governo de Trinidad e Tobago – uma empresa que operava com 25% de sua capacidade e perdia US$1 milhão por semana. A Mitall rapidamente recuperou este negócio com sucesso transferindo conhecimento da Indonésia, implementando a tecnologia DRI e expandido as vendas. O que se seguiu foi uma sucessão de aquisições muito significativas ao longo dos 15 anos seguintes, especialmente de ativos na antiga União Soviética. Cada uma se mostrou uma mina de ouro.

Guiar esta sucessão de aquisições era uma teoria corporativa clara e simples. Para outras siderúrgicas, muitas das quais estavam focadas em melhorar suas operações internas, a aquisição de operações de aço estatais na antiga União Soviética era impensável. Mas a Mitall acreditava que tinha as competências para criar valor a partir de operações de aço públicas mal administradas e com pouco conhecimento operacional em economias em desenvolvimento, onde a previsão era de que a demanda por aço iria escalar. A teoria da Mitall possuía todas as três visões. Sua antevisão foi o reconhecimento precoce da globalização da indústria do aço, o aumento da demanda global e o valor dos depósitos de minério de ferro. Sua intravisão foi reconhecer o valor de sua tecnologia DRI e sua capacidade de recuperar antigas estatais. Sua extravisão foi reconhecer que a maioria das siderúrgicas existentes em mercados emergentes eram complementares *unicamente* para as capacidades da Mitall. Enquanto outras siderúrgicas eficientes se concentravam em construir e operar pequenas empresas dependentes de refugos de metal, a tecnologia DRI da Mitall baseada em minério de ferro, suas competências de recuperação de negócios e sua disposição e capacidade de operar em mercados emergentes era imbatível. Para a Mitall, esses ativos almejados eram verdadeiras pechinchas.

Em 2004, a Mitall era a produtora de aço maior e de mais baixo custo do mundo. Lakshmi Niwas Mittal, seu principal dono, tornou-se uma das pessoas mais ricas do mundo. O sucesso da Mittal resultou de possuir uma teoria corporativa que funcionou como um extraordinário mapa do tesouro, revelando ativos valiosos unicamente para ela. Infelizmente, em 2006, a Mittal buscou e adquiriu um alvo muito bem administrado – a Arcelor, na época o maior produtor de aço do mundo em receita e a segunda maior do mundo em toneladas de aço exportadas – pagando um imenso prêmio no processo. Esta iniciativa foi bastante inconsistente com o histórico de sua teoria corporativa. O momento da aquisição também não foi oportuno: o advento da crise econômica, seguido de vários anos de queda no preço do aço devido à estagnação na demanda e à oferta da capacidade da China. Embora todas as siderúrgicas tenham enfrentado problemas nesta nova era, o distanciamento da Mittal de sua teoria de adquirir ativos com dificuldades em mercados emergentes sobrecarregou a empresa com uma dívida enorme e o alto custo de integrar um ativo de tão grande porte inconsistente com suas competências históricas.

A marca de uma teoria corporativa bem elaborada é a singularidade das oportunidades de criação de valor que ela revela. Esta singularidade pode ser proveniente da unicidade que a antevisão da teoria revela ou da unicidade dos ativos e capacidades que uma empresa já possui. Neste capítulo, explicarei a dinâmica de mercado que torna essa singularidade tão necessária para a criação de valor e discutirei o papel crítico desempenhado pela teoria corporativa em revelar este valor.

Tem Tudo a Ver com Leilões

Ativos e capacidades são encontrados numa imensidão de lugares. Gestores buscam competências e conhecimento no mercado de trabalho. Buscam peças, serviços e outros insumos no mercado de fornecedores. Buscam tecnologia nos mercados de patentes e licenciamento. Buscam recursos financeiros no mercado financeiro. Generalizando, buscam ativos e recursos complementares essenciais em uma diversidade de mercados, incluindo o mercado de empresas inteiras – os mercados de aquisições e fusões. O escopo desta atividade é monumental, visto que o leque de combinações possíveis entre os mercados de pessoas, tecnologia e ativos é praticamente infinito. O gestor está essencialmente numa caça ao tesouro massiva onde o cenário, o valor do tesouro escondido e o mapa para encontrá-lo são todos únicos para a empresa em particular.

O Prêmio Nobel de economia de 2010 foi concedido a Peter Diamond, Dale Mortenson e Christopher Pissarides por seu trabalho pioneiro sobre este tipo de problema. Eles argumentaram que muitos dos mercados de que os gestores participam são regidos pela "teoria do ajuste" de mercados, ou *matching markets*. Por exemplo, no mercado de trabalho os empregadores atribuem um valor amplamente divergente ao conjunto de competências de um dado potencial trabalhador. Cada trabalhador por sua vez atribui um valor amplamente divergente para trabalhar para um dado potencial empregador. Um mercado de trabalho ajustado e eficiente combina idealmente empregadores e trabalhadores num padrão que maximiza o valor total gerado.

Os gestores se deparam com uma diversidade de mercados com ajuste altamente complexo na busca de pechinchas para criação de valor. Essas pechinchas refletem um ajuste em que os compradores adquirem ativos dos vendedores a preço de mercado e que mesmo assim geram valor. Retornos financeiros excepcionais em todos os cenários são em última análise "recompensas por raridade"; em outras palavras, a criação de valor proveniente de encontrar um ajuste incomum e valioso entre sua empresa e os ativos disponíveis – um ajuste que os outros não conseguem ver ou acessar.[1]

Isso parece óbvio, mas encontrar essas combinações de ajuste é extremamente difícil. Praticamente todos os cursos de administração ensinam sobre fusões e aquisições (uma maneira comum de as empresas adquirirem ativos e capacidades) começando por uma observação empírica de que em média a aquisição corporativa não entrega valor para a empresa compradora. Mais precisamente, a pesquisa sugere que no dia da divulgação de uma aquisição (ou talvez alguns dias antes ou depois), a resposta do mercado de capitais é em média ligeiramente negativa – uma resposta que sugere que o mercado percebe em geral que o preço pago foi um tanto sobreavaliado.[2]

Para entender por que isso acontece, precisamos parar um pouco e examinar o que todos os mercados de recursos têm em comum. Essencialmente, são todos uma variante de um processo de leilão. Vendedores colocam ativos à venda, enquanto os compradores apresentam lances de compra, e o processo de leilão então combina os compradores com os vendedores. Os compradores criam valor quando obtêm ativos com um desconto em relação a seu uso futuro. Dois obstáculos tornam a descoberta de ativos subavaliados tremendamente difícil. O primeiro, criado pela incerteza no cálculo do valor, é conhecido como "maldição do vencedor". O outro obstáculo é que as empresas conseguem obter valor em licitações apenas a partir do valor único que elas criam quando adquirem o ativo alvo e não a partir de qualquer valor em comum que outros adquirentes também podem criar. Devido à importância crítica desses dois obstáculos à criação de valor na estratégia corporativa, vamos examinar a lógica de cada um deles.

Leilões e a Maldição do Vencedor

A maioria de nós em algum momento já sentiu o que é chamado de *maldição do vencedor*, a terrível impressão, ao vencer um leilão, de que ninguém mais acha que o ativo que acabou de ser comprado vale o preço que você pagou.[3] Você sabe que isso é verdade porque se não fosse, lances mais altos teriam sido feitos.

A maldição do vencedor resulta do simples fato de que estimativas de preço em leilões são exatamente isso: estimativas. Consequentemente, aquele com a estimativa mais errada – ou especificamente, aquele com a estimativa mais errada a maior – "vence" o leilão. A maldição do vencedor é disseminada em leilões de *valor comum* – em que o "verdadeiro" valor de um ativo é idêntico para todos os licitantes, mas cada um deles estima este valor com um erro considerável. Suponha que cinco empresas estejam concorrendo pela aquisição de um ativo que não tem nenhuma relação com seus outros ativos. Neste caso, apenas avaliações *sand-alone* (da operação isoladamente) do ativo são relevantes. Mas suponhamos que embora a avaliação média de valor feita pelos compradores seja precisa, os lances estejam distribuídos aleatoriamente em torno dessa média. Nesse caso, o licitante "bem-sucedido" – a empresa com a maior (sobre) estimativa de valor – paga a diferença a maior entre o valor sobreavaliado e o verdadeiro valor. Licitantes experientes buscam evitar a maldição do vendedor jogando sua oferta para baixo – apresentando lances inferiores a sua verdadeira estimativa de valor do item. Mas a menos que todos os licitantes sejam excepcionalmente disciplinados e suficientemente cientes a ponto de reconhecer o escopo de sua potencial sobreavaliação, os vencedores pagam a mais e a maldição do vencedor prevalece.

E mais, a severidade da maldição do vencedor tende a aumentar com o número de licitantes. Quanto maior o número de licitantes, maior a probabilidade de que alguns sobreavaliem consideravelmente o valor do item leiloado. Consistente com essa lógica, a evidência empírica sugere que, quanto maior o número de licitantes em um leilão, mais negativa é a resposta do mercado de capitais ao anúncio da aquisição.[4]

E Quanto às Sinergias?

Mas, é claro, ao comprar ativos, as empresas raramente participam de leilões de valor comum. Em vez disso, cada licitante possui um valor particular de lance, que reflete a antevisão e a extravisão próprias de quais ativos complementam unicamente seu ativo essencial (conforme reconhecido pela intravisão). Sendo assim, uma organização pode conferir um determinado valor a um ativo que complementa unicamente o próprio ativo dessa empresa. Ou, a teoria única de uma empresa pode revelar valor em uma determinada configuração de ativos que outras não reconhecem. Sob essas circunstâncias, as empresas conseguem oferecer diferentes lances, vencer leilões, e mesmo assim reter valor. Ao comprar e vender ativos em mercados competitivos com a orientação de teorias corporativas únicas e ativos singularmente complementares, as empresas podem descobrir continuamente oportunidades que criam valor a "preços baratos".

Entretanto, sob essas circunstâncias, o caminho para a criação de valor é mais estreito do que seria esperado. Considere o exemplo do leilão da PlumCo, uma pequena fabricante de produtos industriais. Os proprietários determinaram que era hora de vender. Eles contratam um banco de investimentos que desenvolve um modelo sofisticado de avaliação, que para fins de ilustração vamos considerar totalmente preciso no cálculo do valor do ativo isoladamente. Seu modelo conclui que o valor da PlumCo é de $14 milhões.

É claro, nem o banco de investimentos nem o proprietário estão interessados nesse valor isolado da operação. O foco deles são os valores privados que cada um dos compradores podem atribuir à PlumCo como uma oportunidade – valores que refletem as respectivas sinergias dos compradores. O banco de investimentos oferece a PlumCo para empresas que possuem um ajuste de mercado particularmente bom – aquelas com fortes ativos complementares e os maiores valores privados – e descobre cinco potencias compradores com ativos complementares significativos: Alfa Indústrias, Beta Produtos, Gama Sistemas, Delta Investimentos e Ipsilon Ltda.

A Alfa examina a PlumCo e reconhece que um valor excepcional pode ser ganho com a distribuição dos produtos da empresa nos canais da Alfa. Ela conduz sua própria avaliação sofisticada e conclui que o valor presente dessa operação aprimorada justifica um adicional de $2 milhões, totalizando um valor de $16 milhões. A Beta produtos avalia seus próprios ativos internos e identifica um canal de distribuição valioso comparável ao da Alfa, mas reconhece além disso uma tecnologia valiosa pela qual os produtos da PlumCo podem ser significativamente melhorados. A Beta faz sua avaliação e conclui que o valor combinado dessas duas sinergias justifica um adicional de $3 milhões, ou um valor total de $17 milhões. A Gama Sistemas avalia seus ativos complementares e reconhece que além de possuir ativos semelhantes àqueles da Beta Produtos, possui também competências de marketing unicamente adequados ao portfólio de produtos da PlumCo. A Gama estima o valor total dessas sinergias em $4 milhões, resultando num valor total de $18 milhões. A Delta Investimentos por sua vez possui todas as sinergias da Gama, mas conta também com uma valiosa tecnologia de P&D a qual acredita irá refinar o portfólio de produtos da PlumCo. Sua avaliação determina o valor gerado por essas sinergias em $6 milhões, para um valor total de $20 milhões. Por fim, a Ipsilon Ltda, além de compartilhar das mesmas sinergias que a Delta Investimentos, possui uma capacidade de produção ociosa que pode reduzir os custos de produção da PlumCo. A Ipsilon estima que suas sinergias valem $7 milhões, totalizando $21 milhões de valor.

No leilão que se segue, a Ipsilon Ltda. presumivelmente obtém o ativo por um valor acima de $20 milhões, mas abaixo de $21 milhões. Para qualquer lance abaixo de $20 milhões, a Delta Investimentos estaria disposta a aumentar sua oferta, mas com o lance acima dos $20 milhões, a Delta sai do leilão. Qual porção dos $7 milhões em sinergias entre a Ipsilon e a PlumCo a Ipsilon captura? Na melhor das hipóteses, ela retém algo entre zero e $1milhão. Os $6 milhões remanescentes em sinergias – o valor de todas as sinergias que não são únicos à Ipsilon – vão para os acionistas da PlumCo.

A moral da história é que mesmo esses leilões de "valor particular", em que as avaliações do ativo-alvo feitas pelos licitantes refletem suas teorias e ativos únicos, o vencedor captura no máximo o valor único que possui com o ativo-alvo (conforme ilustrado na Figura 2-1).

É claro, o exemplo acima é extremamente simplificado. Num leilão de verdade, as sinergias que os licitantes possuem com o ativo-alvo não são tão perfeitamente aditivas. Em vez disso, cada potencial comprador possui uma composição única de sinergias. Alguns terão ativos de distribuição melhores, outros terão tecnologias melhores e outros, marcas mais valiosas. Entretanto, o princípio fundamental permanece: o valor máximo retido pelo licitante vencedor é a diferença entre o valor das sinergias deste licitante com o ativo-alvo e a avaliação das sinergias do licitante com a próxima avaliação mais alta. Novamente, a apropriação

FIGURA 2-1
Leilões de ativos com sinergias

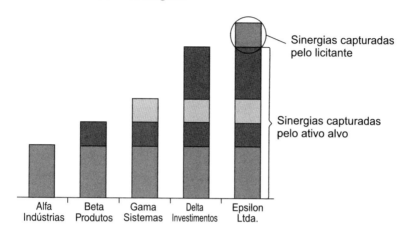

máxima do comprador é a porção de sinergias que são únicas. O valor das sinergias compartilhadas remanescentes vai para os acionistas do ativo-alvo.

O que acontece se cada licitante também estimar o valor das sinergias com um erro considerável? Muitas empresas tendem a superavaliar as sinergias que possuem, especialmente por excesso de confiança – a crença de que podem vencer um desafio difícil ou que conhecem melhor seu negócio do que os outros – é um atributo essencial de líderes eficientes. Mas líderes confiantes estão sujeitos a exagerar no valor que podem gerar com o ativo-alvo. Claramente, nessas circunstâncias, descobrir aquisições criadoras de valor é altamente problemático.

Então o que diferenciava a Mittal? Como conseguiu, por tanto tempo, evitar consistentemente sobreavaliar novos ativos? A resposta é simples. A Mittal desenvolveu uma teoria corporativa que revelava ativos-alvo com os quais possuía sinergias únicas. As outras empresas não possuíam essas sinergias. Consequentemente, a Mittal pôde participar dos mercados de leilões, vencer esses leilões e ainda assim apropriar um tremendo valor.

A Importância de Ser Único

É claro, muitas teorias se mostraram erradas e destruidoras de valor. Elas revelaram uma antevisão falha, uma intravisão distorcida sobre ativos existentes ou uma extravisão que superestimava sinergias. Na maioria dos casos, entretanto, essas falhas se originam de uma única causa: *a teoria não identificou nada único.*

Considere a saga da General Mills quando perseguiu agressivamente uma série de aquisições nas décadas de 1970 e 1980. No início da década de 1970, a empresa pôs de lado seus quatro ativos de moagem e desenvolveu uma nova teoria de valor. O resultado foi um plano de diversificação através da aquisição de novos negócios, não só de alimentos embalados, mas negócios um pouco mais refinados e empolgantes do que o Bisquick e o Cheerios. As empresas adquiridas se enquadravam em cinco categorias gerais: brinquedos, moda, restaurantes, vendas por catálogo e alimentos processados.

Ao fazer essas aquisições, a General Mills parecia ter uma teoria relativamente clara de seu caminho para a criação de valor – o qual acreditavam lhes possibilitaria a compra de ativos a preços abaixo de seu valor futuro quando utilizados pela empresa. A teoria implícita era que a General Mills conhecia a fundo os consumidores domésticos, incluindo as tendências de seus gostos e preferências, e uma tinha uma competência amplamente aplicável em marketing de bens de consumo, que poderia usar para infundir valor em uma série de negócios. Talvez, igualmente importante, havia a ideia de que combinar ou reunir ativos relacionados sob essas cinco plataformas criaria valor.

À primeira vista, não faltava mérito a esta teoria. A General Mills tinha um marketing relativamente bom, e os ativos que havia adquirido indicavam que tinha noção das tendências de gostos e preferências dos consumidores. Em termos de extravisão, era possível identificar algumas sinergias potenciais modestas entre bens de consumo e restaurantes, ou mesmo entre brinquedos e alimentos embalados.

O problema é que nenhuma dessas visões era única. Elas não revelavam nem uma unicidade interna que a General Mills pudesse alavancar, nem oportunidades únicas de criação de valor que pudesse perseguir. A General Mills não possuía competências ou ativos que os compradores concorrentes não possuíssem também, e outras empresas compartilhavam de sua visão sobre as tendências das preferências dos consumidores. Embora alguns de seus investimentos em brinquedos (por exemplo, os produtos da linha "Guerra nas Estrelas" da Kenner) ou na moda (Izod e o estilo preepy – usado pelos universitários americanos no final da década de 1970) tenham se mostrado clarividentes, a General Mills parecia tão surpresa com esses sucessos quanto qualquer outra empresa.

Tampouco a General Mills tinha sequer uma complementaridade única com os ativos que adquiriu. Da mesma forma, outros licitantes dos ativos adquiridos provavelmente possuíam tanto, senão mais, conhecimento, capacidade ou ativos físicos com maior sinergia com esses ativos-alvo. As empresas de brinquedos, de vendas por catálogo e inclusive as redes de restaurantes estavam mais bem posicionadas para oferecer orientação estratégica para as empresas de moda do que os executivos da indústria de produtos alimentares.

Consequentemente, os preços de compra agregados pagos pela General Mills com certeza excederam o valor previsto de fluxo de caixa, o que provavelmente explica o desempenho inexpressivo das ações da General Mills entre 1974 e 1984, período em que seu desempenho foi significativamente inferior ao das empresas da S&P 500. A lição clara aqui é que comprar ativos a preços inferiores a seu valor de utilização requer uma teoria que revele mais do que sinergias genéricas. Requer uma teoria única.

Mas para entender a fundo os desafios enfrentados na criação de valor através de aquisições e o papel central da singularidade, precisamos examinar o processo sob a perspectiva do vendedor.

As Virtudes de Vender e os Desafios de Comprar

Quando teorias corporativas são comuns – quando revelam apenas antevisões em comum e identificam sinergias facilmente acessadas por outras empresas, então vender ativos possui uma vantagem clara, enquanto comprar apresenta um lado positivo bem mais limitado. Considere a conjuntura para a indústria de defesa dos Estados Unidos com o advento do fim da Guerra Fria. Em 1989, todos os regimes apoiados pela União Soviética na Hungria, Alemanha Oriental, Bulgária, Romênia e Tchecoslováquia caíram. Em novembro de 1990, os presidentes George H. W. Bush e Mikhail Gorbachev anunciaram oficialmente o fim da Guerra Fria. Quase instantaneamente, as expectativas relativas a gastos com defesa despencaram – o orçamento dos Estados Unidos para defesa em 1991 e 1992 foi reduzido em 25% em relação ao de 1990. O valor de mercado para todos os fornecedores nesta indústria também despencou visto que eles se depararam com um cenário estratégico muito diferente – um em que o crescimento orgânico das vendas proporcionava poucas oportunidades de criação de valor. De repente, a consolidação se tornou o caminho claro para a criação de valor (ou ao menos o caminho para impedir a contínua erosão de valor). Entretanto, esta mesma teoria estava bastante clara para todos os fornecedores da indústria de defesa e a principal questão era se sua teoria era comprar ou vender.

Os benefícios de criação de valor resultantes de uma venda eram instigantes. Conforme observado anteriormente, em leilões de valor comum, os compradores encontram grande dificuldade em criar qualquer valor e podem supervalorizar substancialmente seu lance, gerando assim a maldição do vencedor. Em leilões de valor particular, os compradores retêm apenas o valor único que podem obter dos ativos que compram – isto é, eles capturam no máximo o valor das sinergias únicas que possuem com o ativo, enquanto o valor das sinergias comuns flui para o vendedor. Embora existissem algumas empresas na indústria da defesa com ativos diferenciados e, portanto, com sinergias potencialmente únicas, havia também muito em comum. De fato, ao longo do tempo, para estimular a concorrência, o governo explicitamente deu suporte a múltiplas empresas em ramos como mísseis, aeronaves, sistemas espaciais e equipamentos eletrônicos de defesa. Consequentemente, havia muitos licitantes com sinergias potencialmente significativas para qualquer dado ativo ou oferta de aquisição.

Em 1989, William Anders se tornou presidente e CEO da General Dynamics, que na época era o segundo maior fornecedor do departamento de defesa dos Estados Unidos. Seu contrato incluía um pacote de incentivos que promovia fortemente a valorização das ações. Juntamente com outros no setor, ele enxergou rapidamente a necessidade de consolidação, mas estava relativamente sozinho entre os grandes fornecedores de defesa em reconhecer (ou ao menos reconhecer e agir) o fato de que vender proporcionava um retorno muito maior do que comprar. Do final de 1991 ao final de 1993, a General Dynamics vendeu suas divisões de sistema de dados, de aeronaves comerciais pequenas (Cessna), de mísseis, eletrônicos, aviões militares e de sistemas espaciais. Em sua maioria, todas essas vendas foram feitas para compradores estratégicos da indústria de defesa com ativos semelhantes ou, no caso do sistema de dados, para uma grande consultoria de TI. Consequentemente, a General Dynamics estava posicionada como um vendedor para capturar quase plenamente as sinergias que os compradores possuíam, visto que essas sinergias substanciais disponíveis aos compradores eram em grande parte pouco únicas.

Como resultado dessas vendas estratégicas e de outras iniciativas de corte de despesas, entre 1991 e 1993, os acionistas da General Dynamics receberam um retorno de 553%, ou de US$4,5 bilhões em valor adicional em relação a uma base de cerca de US$1 bilhão em 1991. Um retorno excepcional – e em grande parte baseado na simples captura das sinergias não únicas que os licitantes tinham com os ativos da General Dynamics.

Não estou alegando que simplesmente vender ativos é o caminho ideal para a criação sustentável de valor para a maioria das organizações. Afinal, em algum momento a empresa ficará sem ativos para vender. E o sucesso com este caminho foi de certa forma único ao cenário de oportunidade que os fornecedores do segmento de defesa experimentaram em 1991. Entretanto, este exemplo oferece um relato de advertência sobre os desafios que as empresas enfrentam na aquisição de ativos. Conforme observado, as empresas em busca da aquisição distribuirão todas as sinergias não únicas aos adquirentes. Portanto, é essencial que os adquirentes tenham uma teoria única e decisivamente precisa que lhes permita identificar ativos com preço subavaliado – ativos com os quais possuem complementos únicos. Sem isso, uma empresa não tem um caminho para a criação de valor a não ser o de vender ativos para terceiros e essencialmente capturar a complementaridade não única que os outros podem ganhar com os ativos que ela possui. Entretanto, como o exemplo da General Dynamics mostra, este caminho pode ser de enorme criação de valor. Os gestores não devem se fixar no crescimento como o único caminho para a criação de valor.

Lições da Empírica

A dificuldade de encontrar pechincha ao buscar ativos e recursos é facilmente ressaltada por trabalhos empíricos sobre resultados de aquisições. Uma métrica para avaliar se uma empresa descobriu uma "pechincha" é examinar como o mercado de capitais responde ao anúncio de uma aquisição, o que geralmente inclui o preço de compra. Podemos pensar nessa reação como uma avaliação coletiva do preço pago em relação à previsão dos investidores sobre o valor que seria criado. Uma queda no preço da ação indica que o mercado percebe um preço superavaliado, enquanto uma resposta positiva indica uma pechincha. Eis o que sabemos com base em pesquisas deste tipo:[5]

- **Na média, a reação do mercado não é exagerada.** Em geral, a reação do mercado a uma aquisição anunciada é ligeiramente negativa, sugerindo que as empresas compradoras pagam um pouco acima do valor obtido. Embora isso sugira que o jogo da aquisição é difícil, o resultado não surpreende. Se a resposta do mercado em geral fosse amplamente positiva, isso só encorajaria mais aquisições, talvez mais aquisições marginais ou questionáveis que diminuiriam os retornos. Da mesma forma, uma resposta geral negativa desencorajaria fortemente as aquisições e, com a mudança do comportamento de aquisições, os retornos aumentariam.

- **A variação é enorme.** Embora a reação do mercado seja em média ligeiramente negativa, as empresas não perseguem a "aquisição média". Muitas aquisições desencadeiam uma forte reação positiva do mercado, enquanto outras geram uma reação fortemente negativa. Embora a reação média seja ligeiramente negativa, a variação é tremenda. Um estudo recente sugere que aproximadamente 45% das empresas viram o preço de suas ações variar mais de 10% positiva ou negativamente em resposta a uma aquisição anunciada.[6] O resultado do estudo destaca o papel da teoria corporativa em assegurar a criação de valor através de aquisições.

- **Quanto menor o prêmio pago, mais positiva é a reação.** No caso da aquisição de empresas de capital aberto, quando a reação do mercado é positiva, o prêmio médio pago foi de 30,7%. Quando a reação do mercado é negativa, o prêmio médio pago foi de 38,4%.[7] Prêmios mais altos costumam ocorrer em leilões de valor comum em que muitos licitantes possuem as mesmas sinergias com o ativo-alvo. Prêmios mais baixos costumam resultar de leilões de valor particular em que teorias corporativas únicas revelam valores particulares para a empresa adquirente.

- **Informações privadas ajudam.** A pesquisa também sugere que o mercado reage mais positivamente ao anúncio de aquisições quando os ativos-alvo são empresas de capital fechado (ou divisões de empresas públicas) em vez de empresas de capital aberto.[8] Como há menos informações disponíveis sobre empresas de capital fechado, há mais oportunidades para teorias corporativas com boa antevisão e intravisão de identificar aquisições valiosas que outras não conseguem enxergar ou acessar. Informações escassas significam que aqueles com ativos igualmente complementares têm menos probabilidade de também identificá--los e arrematar para si a criação de valor.

- **As empresas que perseguem estratégias corporativas singulares pagam menos por suas aquisições.** Minha própria pesquisa com Lubomir Litov mostra que contar com uma teoria corporativa singular (e supostamente a antevisão e a extravisão únicas que tal teoria proporciona) permite que as empresas paguem preços menores pelos ativos que compram.[9] Constatamos que conforme as empresas que passam do décimo percentil para o nono em nossa avaliação de unicidade estratégica, o preço diminui de um prêmio médio de 34% para um prêmio médio de 20%. Conforme discutido anteriormente, prêmios menores aumentam a probabilidade de que o mercado perceberá uma aquisição como criadora de valor.

Investindo Com Uma Teoria

As aquisições são, é claro, apenas um veículo pelo qual as empresas buscam investimentos estratégicos guiados por uma teoria. Mais generalizadamente, as empresas buscam investimentos tais como contratar talentos, construir fábricas, investir em P&D e adquirir licenças de tecnologias. Fazer escolhas eficientes dentre um vasto leque de opções de investimento é vital para sustentar a criação de valor.

Na maioria das empresas, o processo de avaliar investimentos comparativamente pode ser muito semelhante a um concurso de beleza. Os detalhes podem variar, mas o processo básico é o seguinte: concorrentes de grupos distintos e subdivisões da empresa criam ideias de investimentos, preveem seu valor e redigem propostas atraentes para ganhar a atenção daqueles que os estão julgando. As propostas são então selecionadas para compor um grupo menor que será levado ao nível corporativo superior para análise. O que se segue geralmente são eventos em que esses grupos ou indivíduos desfilam para os executivos seniores ou para os membros do conselho para vender sua proposta. A alta administração precisa então avaliar comparativamente o mérito desses experimentos estratégicos cujos resultados são geralmente muito incertos.

Para guiar essa avaliação, os gestores são geralmente aconselhados a aplicar uma regra bastante objetiva para avaliar investimentos de qualquer tipo: diga sim para projetos que possuam um valor presente líquido (VPL) positivo. A fórmula para calcular o VPL é bastante conhecida: estime os fluxos de caixa futuros de um projeto (tanto positivos quanto negativos), leve esses fluxos de caixa ao valor presente "descontando" o custo atual de acessar o capital, por fim some todos os valores obtidos e subtraia do investimento inicial. Se o resultado for positivo, invista. Caso contrário, passe. Se existe esta regra objetiva para decidir, por que se preocupar com uma teoria corporativa?

Parte da resposta é que embora a fórmula para calcular seja simples, gerar os dados para o cálculo – a previsão de retornos futuros não é. Na verdade, todas essas previsões são necessariamente uma ficção corporativa e não há limite para a imaginação ou para as distorções cognitivas e comportamentais que podem alimentá-las. Uma organização de grande porte da qual fui consultor descobriu em uma análise *post-mortem* que seu retorno agregado sobre um novo investimento de capital de 2008 a

2013, todo ele com VLP positivo, era significativamente negativo. Os investimentos destruíram em vez de criar valor.

Isso não é incomum. Com muita frequência projeções de retornos futuros estão positivamente distorcidas. Em parte, isso reflete o otimismo dos proponentes sobre sua capacidade de criar valor a partir do investimento proposto. Embora essa confiança seja talvez um atributo essencial para elaborar uma proposta forte antes de tudo, é possível que os proponentes também sejam incentivados a deliberadamente inflar projeções: a batalha por recursos possui implicações pessoais – o sucesso de uma proposta molda a credibilidade, a remuneração e a perspectiva de carreira pessoal. Na verdade, propostas concorrentes geralmente levam a uma corrida às armas de alegações e projeções exageradas. O único efeito moderador é o impacto que o fracasso em entregar o prometido tem na futura capacidade do proponente de obter recursos. Portanto, dada a natureza necessariamente ficcional das propostas, aqueles que as avaliam têm de tomar uma decisão subjetiva sobre qual ficção preferem – sobre qual narrativa do futuro consideram mais instigante.

É aqui que uma boa teoria corporativa se torna particularmente vital como ferramenta para selecionar a hipótese ou ficção certa. Assim como ocorre com as aquisições, um investimento guiado por uma teoria pode possibilitar a compra, formação e estruturação de atividades e ativos valiosos a preços baratos – por exemplo, contratar talentos, desenvolver atividades e rotinas e prestar serviços para terceiros – antes que o aumento da demanda por esses investimentos eleve os preços, conforme a antevisão de sua teoria corporativa prevê que ocorrerá. O investimento guiado por teoria também pode proporcionar uma vantagem temporária para a empresa – por exemplo, uma posição tecnológica que é difícil de ser replicada rapidamente pelos outros e os deixa brincando de um custoso jogo de pega-pega.

A história de investimento da Monsanto é ilustrativa. Em 1983, Richard Mahoney assumiu como CEO do que é agora o gigante em biotecnologia agrícola. Na época em que Mahoney se tornou CEO, a Monsanto

A Unicidade Imperativa 75

era uma empresa de produtos químicos e, sob seu predecessor, só havia tocado de leve em biotecnologia. Mahoney tinha uma teoria de que a biotecnologia era o futuro tanto do setor farmacêutico quanto da agricultura, e decidiu fazer a transição para esses segmentos. A abordagem era gerar caixa vendendo a maioria dos negócios de petroquímica e extrair caixa adicional de outros negócios, possibilitando assim investimentos pesados em biotecnologia e em setores que podiam utilizá-la. A visão de Mahoney era de uma empresa de "ciências da vida" capaz de explorar a saúde e a cura das pessoas, o funcionamento genético das plantas e a composição dos alimentos. A teoria projetava uma antevisão sobre o valor da biotecnologia, uma intravisão sobre o valor (ou falta de) dos ativos e capacidades existentes e articulava uma extravisão clara quanto a investimentos em talentos, tecnologia e ativos a acessar ou adquirir.

Em seu primeiro ano como CEO, Mahoney vendeu as divisões de petroquímicos, papel e poliestireno, que representaram cerca de US$4 bilhões em vendas. Entre 1985 e 1990, ele vendeu 18 unidades de negócios adicionais e fez diversas aquisições, sendo a mais notável uma empresa farmacêutica, a Searle Corporation, que incluía a Nutrasweet. A Monsanto então investiu pesadamente em produtos químicos especializados, produtos agrícolas, farmacêuticos e em biotecnologia. Imperativo para o investimento nessas três últimas áreas foi a criação de um laboratório central focado em biotecnologia e a contratação de um exército de pós-doutorandos responsáveis por conduzir pesquisas em campos tais como estrutura genética das plantas, ciência molecular do paladar e funcionamento do estômago. Embora a visão ampla de uma companhia de ciências da vida tenha sido composta centralmente, os projetos específicos e caminhos de investimento foram propostos e revisados localmente quanto a sua consistência com esta teoria.

Em outras palavras, a Monsanto não evitou a necessidade de um concurso de beleza, simplesmente o conjunto de propostas aceitáveis foi filtrado pela teoria. Da mesma forma, a Monsanto começou a investir pesado tanto em farmacêuticos, com a compra da Searle e em P&D

de biotecnologia agrícola. Em meados da década de 1980, a Monsanto havia desenvolvido várias inovações críticas para modificar a estrutura genética das plantas. Essas inovações foram então usadas para desenvolver produtos com enorme valor para os agricultores, tais como sementes que geravam plantas resistentes ao herbicida glifosato (ou Roundup) ou plantas resistentes a pragas. Ambas as tecnologias remodelaram dramaticamente a economia do plantio e diminuíram a necessidade de herbicidas e inseticidas ambientalmente danosos.

Embora esta teoria única de investir pesado em biotecnologia, especialmente a agrícola, tenha sido controversa na época e enfrentado a resistência de muitos analistas (e ambientalistas), as decisões de investimento de Mahoney foram notavelmente visionárias. Os investimentos da Monsanto em farmacêuticos e a aquisição da Searle se pagaram rapidamente. Em 1993, a Searle registrou patentes para o primeiro inibidor seletivo da Cox-2 que se tornou o medicamento campeão de vendas Celebra (que levou a Pharmacia a comprar a Monsanto em 1999). O reconhecimento dos investimentos em biotecnologia agrícola demoraram um pouco mais. A despeito do desenvolvimento de milho e soja já resistentes a herbicidas, o maior investimento em biotecnologia agrícola foi visto inicialmente como um desperdício de dinheiro. Mas 15 anos depois, esses grandes investimentos iniciais em biotecnologia agrícola e os que se seguiram geraram um valor enorme para os investidores. É claro, concorrentes como DuPont e Ciba-Geigy acabaram reconhecendo o potencial da biotecnologia agrícola, mas àquela altura a liderança tecnológica da Monsanto era formidável. Os competidores foram deixados num jogo de pega-pega custoso e nenhum se saiu particularmente bem.

Uma das reais vantagens de uma teoria corporativa é sua capacidade de ajudar a alta administração a vencer suas próprias predisposições internas ao avaliar investimentos. Gestores seniores geralmente se mostram inclinados a dividir recursos de maneira mais equivalente do que seria o ideal ou simplesmente repetir o mesmo padrão de investimentos do ano anterior. Alternativamente, podem não influenciar em nada e deixar que as unidades de negócios retenham e invistam todo o excesso de caixa que geraram. Ou podem adotar um modelo de portfólio simplificado, porém mal concebido, que pré-classifica os negócios em categorias de investimento que determinam que tipos de investimentos serão considerados por cada uma. Todas essas opções são um substituto fraco para a tarefa crítica de compor uma teoria corporativa e avaliar o mérito dos experimentos estratégicos que ela revela.

Teorias bem elaboradas ajudam os gestores a identificar oportunidades únicas subavaliadas para criar valor através de investimentos, identificando qual combinação de ativos novos e existentes criará um valor ainda não embutido no valor da ação. Conforme ilustrado pela Monsanto e por muitas outras empresas, os gestores devem estar preparados para aderir a suas teorias até que o desempenho prove ou desaprove a eficácia destas e de sua habilidade em implementá-las. Seguir uma teoria também pode diminuir, embora possa não eliminar, muitas das distorções cognitivas e comportamentais que assolam processos de investimento convencionais. Por fim, padrões de investimento são um veículo fundamental através do qual as teorias são testadas, e pelo qual os investidores avaliam essas teorias para seus próprios portfólios.

LIÇÕES APRENDIDAS

Não importa se você está adquirindo corporações inteiras ou ativos específicos – ou inclusive contratando gente – para criar valor você precisa adquirir esses ativos a preços menores do que o valor que pode gerar com eles. Uma teoria corporativa bem elaborada torna mais provável a identificação dessas barganhas.

A capacidade de identificar essas barganhas vem de uma ou duas fontes. Tanto a extravisão quanto a antevisão revelam complementaridade entre ativos que os outros não conseguem enxergar, ou a intravisão revela complementos a ativos disponíveis que apenas você possui. Os dois caminhos dizem respeito à singularidade. Sem essa singularidade em sua teoria corporativa, outras empresas podem ser melhores do que você em implementar sua teoria.

Entretanto, não é suficiente elaborar uma teoria eficiente que revele complementaridades únicas. Como as dificuldades enfrentadas por Steve Jobs ilustram, o mercado de capitais pode não se convencer com a teoria de uma empresa, que isso significa que ela talvez nunca tenha oportunidade de testar sua teoria. Como veremos no Capítulo 3, este problema surge exatamente por que o valor contido nas três visões únicas de sua teoria não é óbvio ou fácil de verificar, e o mercado de capitais está quase estruturalmente condicionados a depreciá-la. Vencer este obstáculo para vender sua teoria aos investidores é o próximo desafio com que o arquiteto de uma teoria corporativa se depara.

CAPÍTULO 3

Danos Morais ou Mercado para Limões?

Gestores estratégicos devem não só compor teorias corporativas valiosas como também financiá-las.[1] O desafio em encontrar financiamento é que os investidores podem ter suas próprias convicções e teorias sobre o melhor caminho para a criação de valor com os ativos e atividades que uma organização controla. Eles podem inclusive questionar as justificativas e motivos da empresa. Ideias conflitantes sobre o caminho para a criação de valor e a desconfiança dos investidores sobre os motivos dos gestores geram uma tensão que permeia pelas salas do conselho e da diretoria executiva, sem mencionar o hall dos acadêmicos, e apresenta um verdadeiro obstáculo para os esforços de uma empresa em compor e perseguir uma teoria corporativa valiosa.

Existe uma dúvida fundamental sobre esta tensão: Quem deveria idealmente determinar o direcionamento estratégico – gestores especializados com profundo conhecimento de seus setores e recursos ou uma "multidão" independente de investidores e seus consultores? A resposta não é óbvia. Por um lado, os gestores na condição de especialistas têm acesso a informações geralmente indisponíveis para o mercado, incluindo um amplo conhecimento dos recursos disponíveis e das oportunidades existentes em sua própria organização. Por outro lado, o mercado de capitais agrega uma ampla diversidade de opiniões dos investidores (e potenciais investidores) sobre as iniciativas propostas por uma empresa. Além disso, se a tarefa de uma organização é maximizar seu valor, existe um claro bom senso em adotar iniciativas estratégicas consistentes com as convicções e teorias dos investidores. Afinal, são os investidores que estabelecem o valor da empresa. Por que não dar a eles o que querem?

Essencialmente, a questão com esses caminhos divergentes é um problema de gerência. Os gestores são contratados para agir segundo os interesses dos investidores porque possuem informações e competências que faltam aos investidores. Mas os gestores também possuem interesses pessoais na seleção da teoria corporativa que podem divergir dos simples motivos maximizadores de valor dos investidores. Portanto, a opção para os proprietários-investidores é permitir que os gestores – com seus próprios interesses, mas presumivelmente informações melhores – definam a teoria ou maximizar seu próprio controle adequando os incentivos dados aos gestores para simplesmente satisfazer o desejo e o *feedback* do investidor, de certo modo tornando a seleção das ações estratégicas da empresa uma contribuição coletiva (*crowdsourcing*) das convicções dos investidores.

Para entender o que está em jogo, vamos considerar a oferta não solicitada da Kraft pela Cadbury em setembro de 2009. A oferta encontrou uma enorme resistência do conselho da Cadbury. Os ingleses também manifestaram uma tremenda resistência – à ideia de que uma empresa americana seria dona de uma marca britânica icônica era impensável. Frente a essa resistência, a Kraft iniciou rapidamente um esforço de aquisição hostil, alegando uma série de sinergias com a Cadbury. A comunidade de investidores, entretanto, não estava convencida de que o negócio geraria valor, especialmente quando Warren Buffet, o acionista majoritário da Kraft, se opôs à compra. O preço da ação da Kraft caiu como resposta. No entanto, em janeiro de 2010, o conselho da Cadbury concordou com os termos da proposta e a compra foi consumada. Isso só fez aumentar a resposta negativa do mercado. Embora o valor da ação da Kraft tenha aumentado 5% deste o momento da proposta até o acordo final, de modo geral, as ações da Kraft responderam negativamente, considerando que o índice S&P 500 subiu 15% neste mesmo período.[2]

A aquisição fez pouco para dissuadir os investidores mais ativos de pressionar por uma revisão da estratégia. O *hedge fund* Pershing Square Capital acumulou uma participação acionária significativa e começou a pressionar a Kraft a repensar em seu portfólio de negócios. Então, apenas 18 meses após a aquisição da Cadbury, a Kraft anunciou que estava transformando sua divisão de produtos de mercearia como Jell-O, Maxwell House e Kraft Macaroni & Cheese, com crescimento mais estável e lento, em uma unidade de negócios separada daquela de lanches com um crescimento rápido. Ao fazer isso, a Kraft contribuiu para "liberar valor".[3] A resposta do mercado de capitais foi previsivelmente positiva. Quem estava a cargo da estratégia da Kraft? Eram os gestores usando seu conhecimento superior para criar uma teoria corporativa e uma estratégia executável? Ou eram os investidores pressionando os gestores a abandonar o que eles investidores percebiam como iniciativas destrutivas construtoras de impérios? A questão revela duas filosofias diferentes sobre a motivação e o papel dos gerentes no processo de criação de valor. Entender essas diferenças é vital para conhecer seu papel como gestor em sustentar a criação de valor.

Danos Morais: Gestores como Vilões

A filosofia que permeia Wall Street e domina a literatura acadêmica de finanças enfatiza a notável em bem documentada eficiência dos preços no mercado de capitais como guia para decisões estratégicas. Friedrich Hayek há muito argumentou que a "maravilha do mercado" é sua capacidade de reunir o conhecimento coletivo disperso na sociedade (na cabeça das pessoas, nas instituições, nos agentes econômicos, etc.) para enviar sinais poderosos aos gestores sobre o mérito de suas decisões estratégicas.[4]

A genialidade disso está bem ilustrada na resposta rápida e precisa do mercado de capitais após o desastre da *Challenger*. Enquanto a NASA lançou uma extensa investigação de cinco meses que indicou a possível causa os *O-ring* (juntas de vedação de borracha) defeituosos do fornecedor Morton-Thiokol, o mercado de capitais culpou a Thiokol no mesmo dia do acidente. Num espaço de 24 horas, o preço da ação da Thiokol despencou 12%, enquanto os outros grandes fornecedores do projeto experimentaram reduções de valor bem mais modestas. O mercado de capitais pode ser igualmente competente em avaliar decisões estratégicas, ou mesmo o mérito de uma teoria corporativa. Então por que não acatar a sabedoria do mercado de capitais ao escolher uma estratégia?[5]

Sob a perspectiva dos mercados de capitais, a tarefa de um gestor se resume a decifrar os sinais enviados pelo mercado e a responder estrategicamente. Essa posição argumentaria que os gestores da Kraft destruíram valor quando ignoraram os sinais negativos do mercado e foram adiante com a compra da Cadbury. Eles geraram valor quando responderam aos sinais do mercado e separaram o negócio de produtos de armazém, de crescimento lento, do resto dos ativos. Portanto, os gestores criam valor quando perseguem estratégias consistentes com a sabedoria da sociedade e destroem valor quando a ignoram.

O desafio fundamental nesta visão é assegurar que os gestores sigam os sinais do mercado. Os investidores, portanto, buscam moldar os incentivos dos gerentes para que atendam aos interesses e convicções desses investidores, em vez de seus próprios, sobre qual caminho do valor será tomado. Essa abordagem foi mais explicitamente articulada por Michael Jensen e William Meckling, que em um artigo revolucionário de 1976 delinearam o problema fundamental, geralmente chamado de *dano moral*, em que os gestores perseguem seus interesses em vez dos interesses do capital.[6]

Muitos especialistas creditaram o rápido crescimento de grandes conglomerados na década de 1960 a esse fenômeno. Com seus salários fortemente vinculados ao tamanho da empresa que administravam, os gestores favoreciam teorias corporativas fracas que privilegiavam o tamanho organizacional em detrimento da criação de valor. A falta de incentivos para focar no valor para o acionista fez com que os gestores elaborassem teorias falhas visando à construção de impérios que geravam benefícios particulares, mas comprometiam o valor.

Resumindo, sob a perspectiva do mercado de capitais, os investidores são altamente capacitados em reunir informações, avaliar estratégias e alocar recursos. Os gestores, em contrapartida, são vistos como preguiçosos e/ou interesseiros. Portanto, o valor da empresa aumenta quando a busca dos gestores por seus interesses próprios é corrigida pela imposição de sistemas de remuneração baseados na valorização acionária que atrelam os incentivos dos gestores aos interesses dos acionistas.

As iniciativas de interesse próprio dos gestores também podem ser corrigidas pelo aumento do fluxo de informações para os investidores sobre a teoria corporativa de uma empresa e criando organizações que adotam simples *pure-plays*, operando em uma única linha de negócios – onde o mercado de capitais pode enviar sinais diretos para a administração sobre o valor das iniciativas sem o emaranhado de múltiplas estratégias e negócios. A evidência empírica sugere que os mercados de capitais respondem favoravelmente à medida que as empresas desmontam suas combinações estratégicas e se concentram em apenas uma linha de negócios. Sob essa perspectiva, a resposta favorável do mercado à decisão da Kraft de separar as divisões reflete a crença de que maiores incentivos e disciplina de mercado de alguma forma aumentam o desempenho. Incentivos melhores irão, em essência, "liberar" o valor perdido anteriormente.

O Problema dos Limões

Por mais poderosa que seja a perspectiva dos mercados de capitais, indiscutivelmente não é o principal caminho para a criação de valor. Em vez disso, eu argumentaria que o principal caminho para a criação de valor resulta da capacidade criativa de elaboração de teorias dos gestores – aqueles contratados para enxergar algo que os investidores não conseguem. Essa perspectiva estratégica (em oposição à perspectiva dos mercados de capitais) também reconhece que a separação entre proprietários e comando administrativo gera um problema, mas ao contrário do problema de dano moral, aqui o problema é que gestores bem intencionados e bem informados buscam continuamente criar valor, mas se sentem frustrados por sua incapacidade de convencer os investidores de seu conhecimento e visão superiores. A perspectiva estratégica vê como principal desafio de governança curar o mercado de capitais de sua incapacidade de avaliar as empresas corretamente, em vez de curar as empresas de seus gestores preguiçosos ou construtores de impérios.

Considere novamente o exemplo da Kraft. Sob a perspectiva estratégica, a função do CEO é compor uma teoria visionária e minuciosa capaz de prever a evolução do setor e que especifique as complementaridades entre os ativos da empresa e aqueles disponíveis para compra. Aqui, a tarefa do CEO é tomar decisões estratégicas que irão maximizar a lucratividade da empresa no longo prazo, mesmo se o mercado de capitais não conseguir enxergar valor no curto prazo. Afinal, o CEO é contratado para ser mais esperto que os investidores. O desafio é convencer os investidores de que isso é verdade – uma tarefa tornada mais desafiadora por que com frequência simplesmente não é; às vezes as teorias dos gestores são ruins, voltadas para a construção de impérios e não de valor.

Em 2001, George Akerlof recebeu o Prêmio Nobel de economia por seu trabalho inovador esclarecendo nossa compreensão sobre uma forma mais geral deste problema específico.[7]

Danos Morais ou Mercado para Limões?

Akerlof o denominou problema dos "limões", numa comparação ao mercado de carros usados, em que é difícil para os compradores saber se o carro que estão comprando é de alta ou baixa qualidade.[8] A essência do problema em geral é a seguinte: nos mercados em que a qualidade dos produtos e serviços não pode ser prontamente observada ou medida, os vendedores, os únicos que conhecem essa qualidade, têm incentivo para explorar em seu benefício esta vantagem de informação. Eles fazem isso vendendo produtos de baixa qualidade indiscernível em mercados que esperam e que são correspondentemente precificados por produtos de alta qualidade. Embora uma crescente avalanche de produtos de baixa qualidade derrube o preço de mercado, os benefícios temporários de oferecê-los podem ser substanciais. Como aqueles que desejam vender produtos de alta qualidade não possuem meios de sinalizar com credibilidade sua alta qualidade, essa qualidade fica simplesmente retida fora do mercado. Consequentemente, o mercado evolui a um ponto em que consiste apenas de "limões" de baixa qualidade e todos os produtos são vendidos com grandes descontos.

Os gestores enfrentam um problema análogo quando buscam vender suas teorias para os investidores nos mercados de capitais. A qualidade de uma teoria corporativa é muito difícil de avaliar – o produto é uma mera visão cognitiva de um caminho para a criação sustentável de valor. É duro imaginar um produto mais difícil de avaliar; o verdadeiro valor é desconhecido até mesmo pelo gestor e revelado apenas como "experimentos" ou iniciativas estratégicas são empreendidas ao longo de um período de anos. Dessa forma, os gestores podem com grande facilidade disfarçar teorias de baixa qualidade em de alta.

Para vencer esse problema de informação, os gestores frequentemente dedicam tempo e recursos substanciais para convencer o mercado de capitais do valor inerente de suas teorias. Os CEOs de empresas de capital aberto em geral gastam de 25% a 30% de seu tempo em reuniões com investidores e analistas, num esforço para minimizar o abismo de informações entre a alta administração e os investidores. Esses esforços em si não criam valor, mas buscam mudar as percepções de valor, ou a paciência do investidor conforme discutido a seguir.

O crescimento (e estouro) da bolha das empresas ponto.com no final da década de 1990 ressalta as consequências potencialmente problemáticas desse abismo de informações. De 1995 a 2000, surgiu um grande número de empresas da Internet com diferentes modelos de negócios para criação e captura de valor. Um após outro, os empreendedores desenvolveram empresas online, articularam mensagens estratégicas que associavam seus modelos de negócio a uma futura criação de valor, enviaram prospectos de abertura de capital e então buscaram investidores através de oferta pública de participação acionária. Muitas dessas empresas não tinham sequer receita. Poucas, se alguma, geravam lucro. O histórico de balanços contábeis não proporcionava uma base real para avaliar a qualidade desses negócios teóricos. O valor de mercado, portanto, era um mero reflexo de avaliações subjetivas de teorias jamais testadas.

O resultado bastante presumível foi um mercado de limões. Como o valor real desses modelos de negócios era impossível de avaliar, as avaliações de mercado se basearam em medidas de "desempenho" observável. Por exemplo, um estudo conduzido em 2000 sobre avaliações das empresas ponto.com concluiu que a relação entre o valor de mercado e a receita líquida era negativa, porém fortemente positiva em relação ao número de acessos ao website da empresa e a medições simples de P&D e de investimentos em marketing.[9] Muito pouca atenção foi dada a prováveis receitas ou lucros futuros que o acesso ao site poderia gerar.

Não surpreende que iniciativas estratégicas desenvolvidas por equipes de gestores ponto.com se concentravam em gerar tráfego online, em detrimento do pensamento estratégico focado na verdadeira criação de valor. Igualmente pouco surpreendente, a maioria dessas teorias ponto.com se revelaram limões, totalmente deficientes em lógica estratégica e favorecendo a métrica do volume de acessos que moldava tão poderosamente a valorização. Quando a realidade veio à tona, a bolha estourou. A dificuldade de separar as empresas com estratégias verdadeiramente valiosas das empresas "limões" se tornou evidente, e mesmo aquelas com estratégias e posições atraentes, como a Amazon, sofreram acentuada desvalorização.

O problema dos limões não se restringe ao modelo ponto.com. Gestores que desenvolvem teorias corporativas de crescimento enfrentam um problema de informação semelhante na venda dessas teorias para os investidores. Esses gestores são pagos para saber mais que o mercado de capitais sobre a qualidade e o valor futuro de suas teorias, mas com muita frequência são incapazes de articular persuasivamente este valor futuro inerente. Como consequência, teorias de alta qualidade paradoxalmente acabam sendo desvalorizadas no mercado de capitais, em especial quando são difíceis de avaliar.

O grande problema dessa desvalorização é que os gestores contam com o mercado de capitais para obter os recursos para concretizar suas teorias corporativas. A percepção da baixa qualidade aumenta os custos de financiamento. Além disso, a remuneração e a estabilidade no emprego dos gestores dependem tipicamente de sua capacidade de gerar valor de mercado no presente. Portanto, o problema dos limões leva a um dilema estratégico muito importante. Os gestores podem se sentir tentados a favorecer as crenças e preferências dos mercados de capitais em vez de perseguir as teorias corporativas que maximizariam valor para a empresa.

O Paradoxo Estratégico

Muitos gestores certamente estão cientes deste dilema. Ao longo dos anos, ouvi muitas reclamações dos CEOs de empresas de capital aberto como Boeing, AT&T, Cardinal Health, Aetna e Tyco de que suas estratégias estavam sendo avaliadas incorretamente. Suas reclamações eram geralmente dirigidas aos analistas de investimentos jovens que não tinham capacidade ou não queriam aprofundar sua análise e avaliar essas teorias complexas ou únicas.

E por muitos anos, estive fortemente convencido da eficiência da perspectiva do mercado de capitais e da confiabilidade da sabedoria coletiva na avaliação de valor. Em geral, eu considerava essas reclamações um bode expiatório: culpar os analistas me parecia uma desculpa para decisões estratégicas pobres e para a construção de impérios. Mas lá no fundo, uma dúvida me remoía: Será que a visão dos CEOs estava certa – que os mercados de capitais e os protagonistas que os embasavam tinham aversão ao que era único, complexo e desconhecido? A resposta para essa pergunta era crítica, pois moldava fundamentalmente o caminho para a criação de valor. Será que a criação de valor exige antes de tudo a solução de um problema de danos morais ao motivar CEOs que, caso contrário, seriam preguiçosos, gananciosos ou extremamente confiantes, a agir em prol dos interesses dos acionistas? Ou será que a criação de valor exige solucionar o problema dos limões que impede que CEOs com uma teoria corporativa valiosa a concretizem?

Minha opinião sobre esse dilema crítico mudou quando em 1999 um aluno me enviou o relatório de um analista sobre seu empregador, a Monsanto Corporation. Na época, a Monsanto investia num portfólio de negócios e ativos que exploravam a biotecnologia e o segmento químico para criar produtos alimentícios, agrícolas e farmacêuticos inovadores – conforme visto no Capítulo 2, um pacote de negócios que descrevia como "ciências da vida".

A teoria era que esses negócios podiam compartilhar investimentos em P&D e se beneficiar de tecnologias aplicáveis em comum. Também fundamental para essa teoria era uma crença de que a biotecnologia farmacêutica e a agrícola ofereciam melhores perspectivas de investimentos do que produtos químicos. Entretanto, em 1999, o mercado de capitais azedou a teoria. A oposição pública à biotecnologia agrícola, especialmente no exterior, tornou o termo "transgênico" um palavrão entre os investidores.

Ao mesmo tempo, a divisão de farmacêuticos da Monsanto produziu o medicamento para atrite Celebra, que foi amplamente visto como destinado a impulsionar vendas. Analistas de investimentos começaram a pressionar a administração da Monsanto a abandonar a estratégia de agrupar esses negócios e investir tão pesado em biotecnologia agrícola, que viam como a causa de um "arrastão de valorização" nas ações da Monsanto. Na verdade, os analistas consideravam os investimentos em biotecnologia agrícola, iniciativas de P&D relacionadas e em futuros potenciais produtos inúteis.

Mas o relatório enviado por meu aluno, elaborado pela Paine Webber, fez com que eu repensasse na lógica do mercado:

O experimento ciências da vida não está funcionando no que tange nossa análise ou a realidade. Uma análise apropriada da Monsanto requer expertise em três setores: farmacêutico, defensivos agrícolas e biotecnologia agrícola. Infelizmente, em Wall Street, particularmente no *sell-side* (as corretoras de valores), esses setores são analisados individualmente devido à complexidade de cada um. Isso também é verdadeiro em grande parte do *buy-side* (os investidores). Na Paine Webber, a colaboração entre analistas reúne a expertise necessária em cada uma dessas áreas. Somos testemunhas das dificuldades de fazer este esforço compensar: apenas coordenar algo simples como uma agenda de trabalho já requer muito esforço. Embora estejamos dispostos a pagar o preço que fará o processo funcionar, é um processo que certamente não será adotado por Wall Street de forma abrangente. Portanto, a Monsanto provavelmente terá de modificar sua estrutura para ser analisada e avaliada mais apropriadamente.[10]

Este analista estava sugerindo que a Monsanto incorresse em gastos de dezenas de milhões de dólares com bancos de investimentos e com outras taxas de transação – sem mencionar a perda de sinergias – para desmembrar a corporação não com base em uma avaliação minuciosa ou para obter uma real criação de valor, mas porque os analistas com diferentes expertises não conseguiam coordenar agendas de trabalho. E ainda, o relatório sugere fortemente que as opções de cobertura por parte dos analistas são baseadas em parte no esforço necessário para proporcionar esta cobertura. Mais importante, o relatório recomenda que a empresa desmembre sua estratégia atual para reduzir o custo elevado de informações para análise, permitindo assim uma análise mais extensa e precisa e consequentemente aumentando a valorização dos ativos.

Curiosamente, em alguma outra parte do relatório, o analista elogia o histórico da Monsanto de manter seu curso a despeito da "grande resistência de Wall Street para mudar. Isso se referia à relutância do CEO Dick Mahoney em vender a unidade de farmacêuticos, Searle, na década de 1990 quando sua linha de produção parecia vazia. É claro, os fatos mostraram que a visão de Mahoney de manter seu curso e ignorar os analistas estava certa.

Em 1999, a Monsanto se viu novamente numa encruzilhada. Desta vez, entretanto, o CEO satisfez Wall Street – divisões como a NutraSweet foram vendidas ou cindidas, e por fim a entidade remanescente foi vendida para a Pharmacia, que por sua vez foi rapidamente adquirida pela Pfizer. Após manter o negócio de biotecnologia agrícola pelo período de dois anos exigido por lei, a Pfizer promoveu sua cisão como Monsanto em 2002. Ainda nessa época, o negócio era visto como de valor limitado. Entretanto, o desempenho fenomenal subsequente dessa unidade implodiu totalmente essa opinião negativa. O que era praticamente sem valor para os analistas em 1999 passou a valer US$55 bilhões em 2013.

Essa história é apenas um dos exemplos; minha experiência sugere que de modo geral os gestores de fato enfrentam um dilema quando compõem e buscam vender sua teoria corporativa para os mercados de capitais. Eles podem optar por estratégias simples e conhecidas fáceis de compreender pelo mercado de capitais ou podem optar por estratégias complexas, desconhecidas, ou únicas, baseadas em teorias difíceis de avaliar. No segundo caso, a avaliação é custosa, sujeita a erros e provavelmente leva a uma depreciação no mercado.

A Figura 3-1 ilustra quatro tipos de teorias corporativas que diferem ao longo de duas dimensões: qualidade e facilidade de avaliação. As teorias do Tipo I – aquelas de alta qualidade e fácil avaliação – são claramente a opção de escolha. Entretanto, é pequena a probabilidade de que essas teorias existam em abundância, visto que, conforme discutido, boas teorias são únicas. As teorias do Tipo IV – aquelas de baixa qualidade e relativamente opacas – devem claramente ser evitadas. A grande maioria das opções se enquadra no Tipo II – teorias com qualidade inferior e menos valor no longo prazo, mas fáceis de avaliar e que, portanto, podem maximizar a valorização atual do investidor – ou no Tipo III – teorias de alta qualidade que maximizam o valor no longo prazo, mas que são difíceis de avaliar e, portanto, desvalorizadas no presente.

FIGURA 3-1

Quatro tipos de teorias

	Qualidade da teoria alta	Qualidade da teoria baixa
Facilidade de avaliação: alta	Tipo I: rara	Tipo II: satisfaz os investidores
Facilidade de avaliação: baixa	Tipo III: maximiza o valor no longo prazo	Tipo IV: evitar

A escolha correta de forma alguma é óbvia. Foi exatamente neste quadrante que a Monsanto se viu.

Analistas de Investimentos e a Desvalorização Custosa de Avaliar

Existem atores nos mercados de capitais para empresas de capital aberto que buscam fechar a lacuna dessa deficiência de informações e resolver o dilema. No mercado de carros usados, mecânicos e revendedoras atestam a qualidade e inclusive atuam como corretores. Existem analistas no mercado de capitais especializados em avaliar o mérito da teoria de uma empresa. A tarefa deles é reunir informações, monitorar o desempenho e avaliar a qualidade e o provável desempenho futuro das teorias que os gestores apresentam, visto que isso proporciona informações aos investidores sobre previsões de lucro e recomendações de compra e venda.

Não surpreende que os incentivos dados aos gestores para cultivar a cobertura do analista sejam substanciais. Todo o mais sendo igual, uma cobertura maior influencia positivamente a avaliação da empresa.[11] Isso é conseguido com a redução da incerteza do investidor e funcionando como um marketing mobiliário.[12] Entretanto, conforme a história da Monsanto ilustra, o fato de esses intermediários moldarem a avaliação das empresas não significa que isso resolve o problema dos limões. Na verdade, a presença de analistas com esse tipo de controle pode simplesmente encorajar os gestores a favorecer as preferências desses analistas, o que resulta em outro problema. Vejamos como isso acontece.

Obviamente, analistas do *sell-side* possuem incentivos para se aprofundar e avaliar eficientemente as estratégias dos gestores. Os analistas são avaliados individualmente com base na exatidão de suas previsões e assim desenvolvem reputações com importantes repercussões financeiras. Mas existem outros incentivos em jogo também. Corretoras de valores que empregam esses analistas buscam oferecer serviços de banco de investimentos para as corporações assim como o fluxo de capital (*order flow*) dos investidores.

Esses incentivos encorajam os analistas a serem exageradamente otimistas sobre as perspectivas das empresas que cobrem. Embora uma regulamentação recente buscou eliminar esses incentivos, não foi plenamente eficaz, e é difícil imaginar como uma regulamentação poderia eliminá-los de todo. Suponha que você seja um analista respeitado que atrai um volume significativo de negócios de bancos de investimento. Se seu empregador atual não lhe recompensar por isso, um concorrente irá contratá-lo na esperança de atrair esses negócios também. O resultado óbvio é que os analistas ficam muito mais propensos a lançar recomendações de compra do que recomendações de venda. Além disso, muitas corretoras de valores simplesmente diminuem a cobertura em vez de lançar uma recomendação de venda, depois da qual a perspectiva de fechar negócios dos bancos de investimento com esta corporação irá previsivelmente diminuir.

Mas há outro fator menos controverso em jogo. Os analistas, assim como qualquer pessoa, buscam alocar seus esforços de modo a gerar o melhor retorno para o tempo investido. Cobrir mais empresas aumenta o fluxo de capitais e reduz os gastos de análise por empresa. Mas para economizar no esforço despendido por empresa, e portanto cobrir mais, os analistas preferem empresas que sejam fáceis de analisar – em outras palavras, aquelas que perseguem teorias conhecidas e simples.

O resultado lógico, portanto, de escolher uma estratégia mais complexa ou conhecida é uma depreciação do tipo "limões" ou do tipo "custoso de analisar" semelhante àquela observada no mercado de carros. Embora isso tudo pareça perfeito na teoria, existe alguma evidência de que seja verdadeiro na prática?

O relatório da Monsanto atraiu meu interesse sobre essa questão, que acabou levando a um grande estudo empírico em que de fato empresas que perseguem estratégias mais complexas ou desconhecidas recebem uma depreciação no mercado de capitais.[13] Estudos anteriores revelaram achados semelhantes. O estudo de Ezra Zuquerman do MIT, por exemplo, constatou que empresas tendem a se reestruturar através de desinvestimentos e cisões para essencialmente se "adequar" às "categorias" cobertas pelos analistas.[14] Outro estudo mostrou que fora outros efeitos, os analistas tendem a evitar empresas complexas com múltiplas divisões operacionais.[15]

Meu projeto com Lubomir Litov e Patrick Moreton focou num tema mais central para essa questão. Examinamos o impacto da singularidade de uma estratégia sobre o prêmio ou a depreciação que esta recebe no mercado de capitais.[16] Consideramos que as teorias corporativas mais valiosas tomam como base a singularidade: seja uma antevisão única sobre o valor de um pacote de ativos, ou a posse de ativos únicos que impedem os outros de desfrutar de um valor semelhante quando buscam ativos complementares. Examinamos então todas as empresas de capital aberto de 1985 a 2007 e desenvolvemos um indicador de quão única era a estratégia de uma empresa em relação a outras em seu principal setor de atividade.

Nosso estudo revelou vários achados intrigantes. Primeiro, constatamos que cobrir empresas com estratégias mais complexas e únicas demanda mais esforço dos analistas. Os analistas não conseguem cobrir muitas outras empresas quando cobrem uma empresa que é única e complexa. Consequentemente, empresas que perseguem estratégias mais complexas e incomuns recebem menos cobertura do analista, todo o mais sendo igual. Segundo, corroboramos inúmeras pesquisas anteriores mostrando que a quantidade de cobertura importa para a avaliação (em outras palavras, uma cobertura menor reduz a valorização). Por fim, mostramos que empresas que perseguem teorias mais inovadoras recebem um prêmio de valorização no mercado, segundo a lógica do Capítulo 1, porém este prêmio é menor do que poderia ser devido ao alto custo da cobertura e da consequente redução da cobertura do analista. O resultado é que o paradoxo da singularidade permeia inclusive o mercado para empresas de capital aberto. Optar por teorias únicas, que podem maximizar o valor no longo prazo, tende a resultar numa depreciação no presente.

Como os Gestores Devem Responder ao Problema dos Limões?

Em face da depreciação dos limões, as empresas enfrentam um dilema sobre como melhor perseguir a criação de valor. Eles podem optar por perseguir uma teoria corporativa única – a qual acreditam irá oportunamente maximizar o valor para o acionista, mas que antes será depreciada, possivelmente por um longo período de tempo, devido ao alto custo de análise, e que é claro corre o risco de se revelar errada. Ou podem optar por uma teoria inconsistente com suas convicções sobre a criação de valor no longo prazo, mas que satisfaça o mercado de capitais e tenha probabilidade de gerar um aumento no valor de mercado no curto ou até mesmo no médio prazo; e que pode se revelar acertada.

Frente a esse dilema, as empresas podem tomar uma de quatro decisões.

COMPROMETER A TEORIA ESTRATÉGICA. Primeiro, as empresas podem optar por mudar sua teoria em resposta a uma "depreciação de limões" e adotar uma teoria que imponha um ônus menor de informações ao analista e permita uma cobertura mais precisa. Existem evidências claras de que essa abordagem funciona conforme previsto. Um estudo concluiu que simplificar a estratégia de uma empresa concentrando o foco das transações aumenta tanto o volume quanto a exatidão da cobertura do analista.[17] Outro estudo constatou que os gestores fazem exatamente isso. Eles eliminam unidades de negócio para compor sua estratégia de modo a atender melhor as preferências dos analistas.[18] Entretanto, esse caminho pode comprometer o potencial de criação de valor no longo prazo.

TORCER O NARIZ PARA O MERCADO. Segundo, as empresas podem simplesmente ignorar o que acreditam ser uma subavaliação míope do mercado e em vez disso apostar que o verdadeiro valor de sua teoria corporativa eventualmente será revelado em retornos operacionais superiores. Quão factível é esta opção depende da paciência dos investidores (e, é claro, da exatidão das convicções do gestor). Claramente, alguns investidores se mostram mais dispostos do que outros a abrir mão do aumento do valor no presente por uma valorização no futuro. Portanto, reunir investidores que apoiem a teoria é uma tarefa primordial para os gestores, seja a empresa em questão financiada por "anjos" ou uma multinacional. É claro, se a teoria se mostrar certa, a crença dos investidores nela pode proporcionar um valor tremendo. Conforme observado, o mercado de capitais é muito semelhante ao de carros usados. Se você, na qualidade de investidor, encontra um vendedor confiável – uma empresa com uma teoria corporativa valiosa, então o mercado pode lhe oferecer verdadeiras barganhas.

AUMENTAR A DIVULGAÇÃO DE INFORMAÇÕES. Terceiro, uma organização pode manter seu curso, mas procurar aumentar o acesso dos investidores a informações relativas à teoria corporativa. Para isso, pode recorrer a diversas táticas. Pode pressionar analistas e bancos de investimento a dedicar mais recursos para analisar a estratégia atual. Por exemplo, a empresa pode promover campanhas publicitárias agressivas para vender sua teoria ao mercado de capitais. Alternativamente, pode optar por pagar diretamente pela análise, uma opção que se tornou possível recentemente com o surgimento das consultorias de análise "contratadas" que oferecem cobertura às empresas em troca de um honorário.[19] Nos últimos anos, mais de 35% das empresas de negociadas na bolsa não receberam nenhuma cobertura de analistas de investimentos, e como temos observado, a diferença entre ter ou não cobertura no valor de mercado de uma empresa é enorme.

TORNAR A EMPRESA DE CAPITAL PRIVADO. Por fim, nem reunir os investidores desejados nem aumentar a divulgação de informações podem se mostrar suficientes. A evidência casual sugere que muitos gestores que perseguem estratégias mais singulares ou complexas simplesmente migram para algum tipo de empresa de capital privado. Já sabemos que o investimento em novas empresas de tecnologia é feito em grande parte por investidores privados experientes porque, geralmente, avaliar novas tecnologias é muito caro para o mercado de ações. A mesma lógica se aplica ao alto custo da informação que acompanha a avaliação de teorias complexas ou singulares de corporações consolidadas. Uma extensa literatura empírica documenta o desaparecimento de conglomerados dos mercados abertos nas duas últimas décadas, mas indiscutivelmente os conglomerados ressurgiram como empresas de capital privado, um conjunto de negócios altamente não relacionados, cuja análise é claramente muito onerosa. Tornar o capital privado cria os incentivos apropriados para incorrer nos custos de informação necessários para uma análise precisa e para um bom investimento. Embora alguns sugiram que o principal benefício do capital privado seja resolver o problema do dano moral com os incentivos altamente turbinados para os gestores, em minha opinião um benefício igual, senão maior, é que isso lida com o problema dos "limões".

Outra forma de se tornar privado é encontrar um grande comprador privado. A recente aquisição da Georgia Pacific, um gigante da celulose e papel, pela Koch Industries, criou a maior empresa de capital privado dos Estados Unidos. Conforme noticiado no *Financial Times*:

> Os ativos da Georgia Pacific tiveram um desempenho fraco no S&P500 em parte devido a um estranho mix de ativos difíceis de avaliar em conjunto. Alguns de seus produtos, tais como os lenços de papel, pertencem a um nicho com alta margem e merecem um percentual elevado de valorização da ação. Outros ativos, como materiais de construção, pertencem a setores voláteis em que os investidores estão começando a se preocupar com o efeito de uma crise no mercado imobiliário americano... A combinação significa que

uma empresa que seria considerada sólida, vem sendo negociada com uma depreciação significativa no conjunto de suas partes num momento em que compradores potenciais estão cheios de dinheiro e o empréstimo está barato.[20]

A lógica é que ao tornar a empresa de capital privado, a Georgia Pacific adquire investidores pacientes que permitirão aos gestores pôr em prática suas teorias corporativas e revelar seu valor. Além disso, como a complexidade da Georgia Pacific gerou uma depreciação, a Koch cria valor através da compra. Portanto, o capital privado – seja em *hedge funds* ou por meio de grupos de capital fechado – permite encontrar ativos subavaliados não apenas porque os gestores estavam pouco motivados anteriormente, mas porque o mercado de capitais estava mal informado sobre valor. A previsão clara desta lógica, portanto, é que as estratégias com alto custo de informação, incluindo as estratégias singulares e complexas, irão migrar para o capital privado.

No restante do livro vou supor que os gestores são bem-intencionados e que buscam maximizar o valor para o acionista no longo prazo. Portanto, não dedicarei muita atenção a como otimizar a governança do CEO na busca da primeira opção vinculando altamente a recompensa do gestor à avaliação do mercado de capitais do valor da empresa e das oportunidades de investimento.[21] Em vez disso, voltarei minha atenção para oferecer orientação estratégica aos gestores que buscam aplicar teorias corporativas que criem valor. A primeira pergunta importante é: Ao adquirir ativos e capacidades complementares, como você determina se deve comprar e controlá-los ou se deve acessar esses complementos por meio de contratos com fornecedores? Este é o tema do Capítulo 4.

LIÇÕES APRENDIDAS

Os gestores enfrentam um dilema fundamental ao decidir sobre iniciativas estratégicas. Devem desenvolver e aderir fielmente a suas teorias corporativas de criação de valor ou devem seguir os sinais dos mercados financeiros? A explicação para o dilema – e como resolvê-lo – depende de qual das duas dinâmicas abaixo você é dominante:

- **Danos morais:** Nesta perspectiva do mercado de capitais, geralmente preferida pelos investidores, os gestores são contratados para aplicar seu conhecimento e expertise para atender aos interesses dos acionistas, mas podem em vez disso perseguir caminhos para seu próprio benefício. A rota para a criação de valor é fazer com que gestores preguiçosos e interesseiros façam o que o mercado deseja.

- **Problema dos limões.** Nesta perspectiva estratégica, geralmente de preferência dos gestores, é muito difícil de os mercados avaliarem o valor das teorias. Com muita frequência, boas teorias são avaliadas no mesmo nível que as teorias ruins. O desafio para os gestores bem-intencionados é como comunicar melhor o valor de suas teorias e assim obter os recursos e a paciência dos investidores necessários para persegui-los.

É frequente que a perspectiva dos mercados de capitais prevaleça sobre a perspectiva estratégica, visto que os participantes do mercado, inclusive os analistas, não têm muito incentivo para se aprofundar e avaliar com precisão estratégias mais complexas ou únicas. O resultado é que qualquer valor criado por uma boa teoria pode acabar sendo depreciado no mercado. Neste caso, os gestores têm as seguintes alternativas:

- **Atender ao mercado:** Este geralmente é o caminho mais fácil e provavelmente, dada a estrutura de incentivos, o que proporciona a melhor remuneração pessoal. Mas significa renunciar à concretização genuína de uma estratégia.

- **Comunicar-se melhor:** Isso é mais fácil falar do que fazer (caso contrário, por que os analistas evitariam essas estratégias?) e, em alguns cenários, revelar todos os detalhes ou até mesmo a lógica de uma estratégia pode comprometer seu valor ao convidar para uma imitação competitiva.

- **Encontrar os acionistas apropriados:** Cada vez mais, os gestores dispostos a aplicar teorias verdadeiras sobre como suas empresas criam valor acabaram transformando de alguma maneira suas empresas em organizações de capital privado, em vez de recorrer à questionável sabedoria estratégica dos mercados de capital aberto.

PARTE 2

Combinando Valor

CAPÍTULO 4

Produzir ou Comprar?

Uma das decisões estratégicas mais notoriamente difíceis é escolher entre produzir ou comprar.[1] Embora a criação sustentada de valor exija uma constante expansão e modificação da empresa, muitos desses ativos e atividades para os quais a teoria corporativa dirige o acesso geralmente são de propriedade de terceiros. Portanto, compor o valor que sua teoria revela exige decisões sólidas sobre quando adquirir, configurar e possuir esses ativos (produzir) ou quando meramente contratar sua produção (comprar).

Existem defensores ferrenhos, tanto dentro quanto fora da empresa, para ambos os caminhos. Gurus da inovação aberta e empresas de terceirização pregam a virtude praticamente universal da terceirização. Muitas vozes dentro das empresas clamam pela integração. Com muita frequência, nossa própria intuição sobre decisões de produzir ou comprar está terrivelmente enganada. Integramos só para descobrir que deveríamos ter terceirizado e terceirizamos só para descobrir que deveríamos ter integrado. Vemos grande valor em manter o controle de nossos ativos e processos através da integração, convencidos de que podemos ter um desempenho melhor do que o de nossos fornecedores, só para descobrir que nossos esforços internos são altamente custosos ou de baixa qualidade. Vemos a integração como uma oportunidade de capturar o lucro dos fornecedores, só para descobrir que seu preço excede em muito seu valor. Por outro lado, quando resistimos à tentação de integrar, descobrimos que nos tornamos extremamente dependentes de um ativo único que não possuímos e que pagamos caro para acessar.

Decisões erradas podem gerar perdas de valor de proporções historicamente desastrosas. Por exemplo, quarenta anos atrás, o fim do *Saturday Evening Post* foi rotulado de "o maior desastre da história americana."[2] A causa provável do fracasso foi um conjunto de decisões desastrosas de integração. O CEO da empresa-mãe, a Curtis Publishing, enamorou-se do controle proporcionado pela integração vertical e o perseguiu apaixonadamente. Ele autorizou a construção de uma instalação editorial extremamente grande e moderna. Comprou três fábricas de papel para alimentar as prensas. Adquiriu 262 mil acres de área florestal para alimentar as fábricas de papel. A empresa posteriormente também promoveu uma integração com distribuição. O resultado foi catastrófico, com os ativos internos atrofiando rapidamente em desempenho de custo ou qualidade. Inevitavelmente, a editora faliu.

Decisões erradas de terceirização podem se mostrar igualmente desastrosas. O lançamento do PC pela IBM em 1984 gerou um valor enorme para os consumidores. Entretanto, a IBM também cometeu um erro de julgamento sobre como traçar os limites verticais deste negócio. Seguiu enganosamente uma premissa comum, mas frequentemente ilusória, derivada da lógica das capacidades: terceirize o que faz mal e permaneça integrado no que faz bem.

Como se essa decisão fosse tão simples assim. Embora a IBM tenha acertadamente buscado e encontrado fora da empresa capacidades de que não dispunha, a decisão de terceirizar o acesso ao sistema operacional (DOS) e ao microprocessador (8088 da Intel) em vez de adquiri-los, garantiu que a maior parte do valor criado fluísse para esses fornecedores. Embora a IBM tivesse reunido de forma brilhante os ativos e atividades necessários para gerar esse valor enorme, decisões pobres sobre como governar o acesso a eles impulsionou o aumento de valor da Microsoft e da Intel em vez de seu próprio.

Como conseguir evitar cometer erros como esses? Supondo que uma teoria tenha revelado uma ideia clara dos ativos e atividades que você deseja combinar e configurar, pôr isso em prática eficientemente requer decisões sobre quais tipos de incentivos são necessários para as pessoas e organizações envolvidas. Fundamentalmente, você deve decidir entre dois sistemas de incentivo, cada qual com suas próprias vantagens e desvantagens quanto aos comportamentos que o motivam. Naturalmente, o melhor cenário é aquele em que você consegue minimizar as concessões necessárias ao escolher uma alternativa ou outra e, ao mesmo tempo, desfrutar do "melhor dos dois mundos". Mas essas concessões são uma realidade e essa decisão difícil entre terceirizar e integrar permanece. Entender efetivamente a natureza dessas concessões inerentes é crítico para criar e depois capturar o valor idealizado pela teoria. Vejamos os prós e os contras de cada uma das abordagens.

A Maravilha do Mercado

Conforme Friedrich Hayek descreveu, os mercados induzem os "indivíduos a fazer... coisas desejáveis sem ter qualquer pessoa lhes dizendo o que fazer".[3] Essa motivação ou controle, quando bem adequado às necessidades, é miraculoso e insubstituível. Nessa situação ideal, com pouco esforço de sua parte, os mercados no entorno de sua empresa motivam fortemente diversos atores a gerar produtos e serviços sob medida para suas necessidades. Eles motivam constantemente os fornecedores a reduzir os preços e aumentar o valor que lhe oferecem, em última análise incorporando o conhecimento único que possuem em produtos e serviços que resolvem seus problemas.

Contratos também podem produzir incentivos nesses mercados, promovendo em particular um compromisso de cooperação no longo prazo. Entretanto nos contratos, inclusive aqueles de longo prazo, os fornecedores estão continuamente atentos a sua opção de deixá-los, o que funciona para eles como um grande incentivo em aumentar o valor que lhe proporcionam, mantê-los atualizados sobre novas tecnologias relevantes e diminuir consistentemente os custos. Igualmente importante é o forte incentivo que os outros fornecedores têm em atrair sua empresa aumentando o valor que proporcionam ou oferecendo um preço menor que o de seu fornecedor atual.

Portanto, a decisão de terceirizar reflete confiança na sabedoria e na criatividade de atores econômicos externos – uma crença de que esses atores externos estarão fortemente motivados a criar soluções superiores em custo e qualidade ao que você pode construir. Neste sentido, a decisão de terceirizar é uma aquiescência à humildade em vez de arrogância – um reconhecimento da capacidade frequente do mercado de motivar e controlar melhor do que você. Foi esse reconhecimento que levou as grandes companhias farmacêuticas a cada vez mais terceirizar sua P&D ou os primeiros estágios da pesquisa de novas drogas por meio de contratos com o mercado. Para este tipo de atividade, o controle do mercado é extremamente eficaz. Portanto, decisões de rejeitar a sabedoria individual e coletiva do mercado através da integração de uma atividade só devem ser tomadas após uma análise particularmente minuciosa. Tais decisões exigem confiança de que sua capacidade de direcionar outros ativos e atividades é verdadeiramente superior à motivação que os preços de mercado fornecem a esses atores externos.

Quando os mercados falham

Quando os mercados obtêm sucesso em induzir atores a elevar o valor de sua empresa, podem falhar ao induzir comportamentos diferentes daqueles que você busca *e* quando os custos de contratação para remodelar esses comportamentos são excessivos. Quando essa divergência ocorre, a decisão entre produzir e comprar requer uma comparação simples: como os custos de moldar os incentivos e comportamentos desejados através de contratos se comparam aos custos de obter isso através da integração? O gestor estratégico pode então selecionar o menos custoso dos dois. Mas embora conceitualmente elegante, o cálculo requerido para comparar esses custos é difícil: ele requer prever as implicações de comportamentos futuros sobre os quais há uma enorme incerteza. O custo de usar o mercado ou contratos para remodelar incentivos aumenta substancialmente quando sua teoria sobre o caminho ideal para a criação de valor, e especificamente sobre o uso dos ativos e recursos de terceiros, difere da crença dos outros sobre seu uso ideal. O custo de usar o mercado também aumenta quando a terceirização permite que os fornecedores capturem potencialmente uma parte substancial do valor que sua teoria cria – um problema geralmente chamado de *hold-up* (discutido em maior detalhe a seguir). Esses custos elevados de moldar incentivos através de mercado ocorrem tipicamente quando a criação de valor requer uma coordenação complexa, investimentos específicos únicos e alguma incerteza sobre o resultado.

Um dos primeiros desafios é convencer os outros de que o seu caminho é o melhor para a criação de valor. Isso é particularmente difícil quando o caminho que você propôs exige investimentos em atividades e ativos que seus fornecedores não enxergam como maximizadores de valor. Esta dificuldade surge normalmente quando os investimentos que você propõe são específicos ou únicos para sua empresa e para sua proposta para criação de valor, mas são inúteis (ou substancialmente pouco úteis) para os outros. Suponha que você queira um fabricante que monte uma instalação de produção única, sob medida para suas necessidades, ou que você esteja buscando uma empresa de TI que se instale em sua empresa, aprenda seus processos e crie aplicativos customizados para você. Elaborar um contrato para gerar esses investimentos pode ser extremamente custoso, visto que especificar a configuração de ativos e atividades que você deseja pode ser difícil. Entretanto, o verdadeiro desafio é que os fornecedores buscarão garantias de retornos futuros para fazer esses investimentos, e essas garantias são praticamente impossíveis de se dar, dada a incerteza sobre o que o futuro reserva e que valor os investimentos irão gerar.

O segundo desafio em atrair estes investimentos específicos é a ameaça percebida de um *hold-up* (veja o quadro "O Problema do Hold-up"). O fornecedor teme que se fizer os investimentos específicos que você requer, você poderá impor condições contratuais que lhe favoreçam mais, independentemente do que o contrato original especificava.

O Problema do Hold-up (refém)

Minha primeira exposição ao problema do hold-up foi parte de uma dissertação na faculdade sobre o tema Leland Stanford e a ferrovia. Meu projeto de pesquisa descreveu uma versão extrema do problema clássico de hold-up. Em 1869, a Southern Pacific Railroad anunciou que construiria uma ferrovia em uma determinada rota ao longo do vale central da Califórnia. A Southern Pacific convidou colonos a se estabelecerem e desenvolverem as terras ao longo da rota, sugerindo que o preço do lote seria a partir de "US$2,5 por acre", prometendo que quaisquer melhorias feitas nas terras não seriam incorporadas ao preço final, porém estipulando também que o preço final seria definido e o pagamento seria realizado quando a ferrovia estivesse pronta. Anos mais tarde, com os investimentos feitos pelos colonos já implementados, investimentos em grande parte imobilizáveis e, portanto, altamente específicos à ferrovia adjacente, a Southern Pacific estabeleceu o preço do lote em US$35 por acre. Os colonos ficaram revoltados. O resultado foi uma disputa amarga entre os colonos e a companhia que irrompeu no Condado de Tulare, Califórnia e que acabou em troca de tiros e em um massacre tanto de operários da Southern Pacific quanto de colonos. Este é um problema clássico de hold-up – que surge frequentemente em contratos de negócios.

Produzir ou Comprar?

Mais precisamente, você se encontra numa posição em que mantém o fornecedor "refém" do valor da porção única do investimento que ele fez – a porção que não pode ser aproveitada em nenhum outro lugar.[4] Por exemplo, você pode insistir em baixar o preço que vai pagar pelo ativo e, sem nenhum outro potencial comprador para esse ativo, a melhor opção para o fornecedor pode ser aceitar seus termos renegociados. Fornecedores com antevisão se recusarão antes de tudo a fazer tais investimentos se não tiverem salvaguardas contra este possível *hold-up*. E os custos de um contrato que induzirá um fornecedor a investir em ativos únicos podem ser muito altos.

Infelizmente, se os fornecedores se tornarem de fato provedores de um componente crítico e único de um produto que se mostra valioso no mercado, seu problema de contrato pode ser ainda pior. Agora você enfrenta um novo dilema – um fornecedor com uma reivindicação poderosa sobre o valor que você projetou – basicamente numa posição de manter *você* refém e de se apropriar de uma porção do valor do ativo que criou. Neste sentido, o problema de *hold-up* que eleva os custos da contratação e alimenta o fracasso do mercado é tanto simétrico quanto plenamente dinâmico. Às vezes, uma contratação inteligente e uma relação de confiança são suficientes para superar esse problema. Frequentemente, não são.

Para ilustrar, no final da década de 1990, a Pixar investiu em animações de longa metragem que eram altamente dependentes da máquina de marketing da Disney para o sucesso. Conforme a Pixar desenvolveu seu imbatível talento em animações geradas por computador, tornou-se um complemento imensamente valioso e único para os outros ativos da Disney. Como nenhuma outra empresa de animação estava em posição de gerar o mesmo valor para a Disney, a Pixar reivindicou um tremendo montante do valor da Disney e, portanto, estava munida de uma clara ameaça de *hold-up*. Ao mesmo tempo, a ameaça era de certa forma simétrica. A Disney também era um complemento único para a Pixar. A magnitude da correspondência e a complexidade da coordenação requerida renderam negociações de contrato extremamente contenciosas e custosas, resultando por fim na expiração do contrato sem renovação. A Disney acabou comprando a Pixar em 2006 por US$7,4 bilhões de dólares – um preço que revela a magnitude dessa complementaridade única e a ameaça de *hold-up* da Pixar. Se esse preço ainda deixou algum valor para a Disney capturar permanece como um tema de discussão para as escolas de administração. O indubitável, entretanto, é que a Disney errou ao não manter um estúdio próprio de animação de ponta – um ativo essencial para sua teoria corporativa – e ao permitir que suas competências internas em animação atrofiassem.

O risco de *hold-up* pode surgir mesmo quando não há necessidade de investimento. Um caminho idealizado para a criação de valor pode envolver pouco mais que uma combinação nova de ativos e atividades existentes em sua forma atual. Por exemplo, o modelo de negócio do IBM PC requeria que os fornecedores fizessem muito poucos investimentos específicos para a IBM ou o IBM PC. Por exemplo, o principal elemento da plataforma de hardware – o microprocessador Intel 1088 – embora único e difícil de replicar por terceiros, era um item de estoque que não necessitava de desenvolvimento adicional. Entretanto, quando a demanda por PCs disparou, revelando seu valor – um resultado considerado praticamente certo desde o início – a Intel de repente era dona de um insumo complementar único e, portanto, estava em posição de capturar uma grande porção do valor resultante. Embora a contribuição da Microsoft exigisse investimentos maiores específicos ao PC, o fracasso da IBM em integração garantiu que a Microsoft possuísse um complemento único ao PC e assim capturasse um valor imenso também. Por outro lado, a máquina de marketing e vendas da IBM, embora inicialmente um complemento importante para impulsionar o PC a se transformar em um padrão da indústria, perdeu valor e ficou amplamente disponível uma vez que o padrão se estabeleceu.

Em resumo, mercados e contratos falham em oferecer os incentivos necessários quando a configuração dos ativos e das atividades de que você precisa diferem das configurações que os fornecedores se sentem motivados a construir, ou quando a customização dos ativos que você busca coloca os fornecedores numa posição em que podem se apropriar de todo o valor criado. Essas diferenças surgem especialmente quando a criação de valor envolve ativos ou atividades que são complementos únicos para sua empresa. Sempre que os fornecedores têm a posse desses ativos, estão em posição de se apropriar de grande parte do valor resultante. Procurar resolver esse problema com contratos de mercado é extremamente custoso e difícil e resulta numa motivação primordial para a integração.

A Vantagem da Integração

Embora os mercados tenham grande poder de moldar o comportamento dos fornecedores sem um esforço deliberado para que isso ocorra, a integração proporciona uma solução quando os incentivos do mercado, mesmo aqueles moldados por contratos, falham em gerar comportamentos de que a empresa precisa, ou falham em fazer isso de modo eficiente. Conforme D.H. Robertson sugere, as empresas são "ilhas de poder consciente em um oceano de cooperação inconsciente".[5]

Em seu nível mais básico, a integração lhe permite coordenar ativos e atividades que criam valor sem a necessidade de convencer os outros da superioridade de sua visão do valor de investir nela. Um investimento originado dentro da empresa também não incorre no problema de *hold-up*, o risco de que um fornecedor externo venha a se apropriar do valor criado conjuntamente.

A decisão recente da Smith & Wesson de adquirir a Tri Town Precision Plastics, seu principal fornecedor de moldes para injeção customizados, parece refletir essa lógica. Antes da compra, dois terços da produção da Tri Town ia para a Smith & Wesson. Mas a Smith & Wesson preocupava-se com a relutância da Tri Town em fazer investimentos adicionais específicos para ela, Smith & Wesson, temendo uma situação de *hold-up*, e em vez disso procurasse encontrar outros consumidores que diminuíssem sua dependência deste cliente. Ao assumir a posse dos ativos da Tri Town, a Smith & Wesson eliminou qualquer incentivo para não produzir esses investimentos específicos e assim resolveu o problema de *hold-up*. Agora, a Smith & Wesson possui um fornecedor interno com todas as razões para perseguir sua visão, incluindo as necessidades de ativos para concretizar esta visão.

Embora a integração possa converter atores de mercado motivados em empregados menos motivados, é possível compensar isso criando regras de cooperação capazes de promover o compartilhamento de conhecimento e de coordenação necessário para perseguir uma teoria corporativa eficientemente. O que é preciso aqui é uma liderança competente e habilidosa que alavanque incentivos de cooperação aprimorados (as pessoas agora serão recompensadas por atingir os objetivos do comprador em vez dos objetivos anteriores) para facilitar um compromisso conjunto com a teoria da empresa.

A armadilha do controle

Entretanto, é essencial lembrar que em decisões do tipo produzir ou comprar, quase sempre faz sentido terceirizar se basear em incentivos do mercado a menos que haja uma necessidade real de uma coordenação complexa ou investimentos específicos. Identificar quando e onde essas condições de fato existem é, portanto, essencial para uma boa governança. O problema é que algumas empresas e gestores possuem um apetite insaciável por controle que se traduz em uma forte inclinação para a integração, mesmo quando essas condições não estão presentes. Frequentemente, essa inclinação reflete a arrogância deles – uma convicção de que o controle deles é superior ao de outros em gerar valor. Com mais frequência, reflete uma crença errônea de que a integração proporciona acesso a todas as suas virtudes com pouco custo. Em outras palavras, os gestores depreciam a capacidade única do mercado de motivar fortemente a "cooperação inconsciente". Mas essa forma de pensar é profundamente falha, visto que na maior parte das circunstâncias o preço do controle em uma integração é a perda da motivação do mercado.[6]

As empresas cometem esse erro repetidamente. Durante anos, grandes farmacêuticas adquiriram pequenas empresas de biotecnologia para ganhar acesso a pesquisas de ponta e a talentos excepcionais, só para depois descobrir que os poderosos incentivos proporcionados anteriormente pelo mercado a esses talentos essenciais internos das empresas de biotecnologia não podiam ser mantidos após a integração. Ou seja, os talentos essenciais não permaneceram e a produtividade despencou.

Grandes companhias de gás e petróleo se depararam com um desfecho semelhante ao integrar instalações de exploração altamente eficientes. Estes compradores enfrentaram dificuldades no pós-integração para replicar os incentivos de mercado que impulsionavam as operações de exploração independentes, e se viram incapazes de reter talentos ou de motivar a exploração eficientemente. Após muitas dessas duras lições, ambas grandes companhias farmacêuticas e petrolíferas passaram a recorrer à terceirização dessas atividades.

Mas isso suscita uma pergunta interessante: por que as empresas não podem simplesmente replicar os incentivos do mercado internamente e evitar este comprometimento? Dessa forma elas podem manter o bolo e comê-lo também.

Uma Questão de Escolha

Existem impedimentos inerentes aos esforços de uma empresa em replicar internamente os fortes incentivos do mercado. Dentro das empresas, os empregados comparam constantemente recompensas e invejam aqueles que recebem remunerações mais altas. Eles avaliam particularmente a equivalência do que observam e, com grande frequência, concluem que a remuneração daqueles com alto desempenho, especialmente os generosos incentivos baseados em desempenho, é injusta. Sabemos com base em inúmeras pesquisas sobre comportamento organizacional que, quando os empregados percebem que estão sendo tratados de forma desigual, diminuem seus esforços, reivindicam aumentos salariais ou simplesmente vão embora – comportamentos muito custosos para a empresa.[7]

Para ilustrar os impedimentos para replicar os incentivos do mercado, considere os esforços da Universidade de Harvard em administrar seus vultosos US$36 bilhões de dólares em doações. Para motivar os empregados que gerenciam as várias classes de fundos do portfólio, a Harvard criou incentivos que replicam os incentivos do mercado – os tipos de recompensas financeiras que gestores externos de fundos receberiam caso a entidade decidisse terceirizar essa atividade. O desempenho resultante foi espetacular, com retornos muito superiores ao *benchmark* dos fundos de investimentos administrados por qualquer outra instituição financeira – em vários casos, o retorno foi o dobro das comparações de *benchmark*. Na verdade, o desempenho foi tão espetacular e a estrutura de recompensa tão semelhante à do mercado que vários desses empregados de Harvard ganharam algo entre US$25 milhões e US$ 30 milhões de dólares por ano de bônus por desempenho.

Entretanto, professores, alunos, pais e ex-alunos ficaram ultrajados quando esses salários foram revelados. Larry Summers, presidente de Harvard na época, defendeu o sistema ressaltando que gerar esse tipo de desempenho usando gestores de fundos externos custaria ainda mais, o que era bem verdade. Entretanto, conforme as reclamações e os custos aumentaram, a Harvard diminuiu a recompensa. Previsivelmente, os principais gestores de fundos saíram, deixando para a Harvard a decisão do próximo passo lógico. A universidade terceirizou partes essenciais da gestão de seu portfólio para, o que não surpreende, aqueles mesmos gestores agora empregados em outros lugares. Note-se que os incentivos em si foram bastante eficientes em gerar o alto desempenho dos empregados. O impedimento foi o custo desses incentivos para a universidade – o custo imposto pela comparação social.

Incentivos baseados em desempenho, embora sejam fáceis de estruturar e estejam disponíveis através de contratos de mercado, são difíceis e custosos de replicar dentro da empresa, proporcionando ao mercado uma vantagem única de gerar motivação e iniciativa em uma ampla gama de talentos. Dentro dos limites da empresa, a percepção de desigualdade em resposta a incentivos baseados em desempenho, como aqueles observados pelos professores, alunos e ex-alunos de Harvard, impõe custos arcados diretamente pela empresa. Quando esses serviços e incentivos são distribuídos externamente em contratos de mercado, a empresa fica isenta em grande parte desses custos. Embora os empregados possam invejar a remuneração daqueles de fora da empresa, essa inveja tem menos probabilidade de gerar politicagem por mudança, diminuição de esforços ou sabotagem dos esforços de outros.[8] Portanto, como comentou o tesoureiro de Harvard, Ronald Daniel, no auge do furor "... se a atividade tivesse sido terceirizada, vocês não ligariam".[9] Ele estava totalmente certo. Como as pessoas se incomodam tremendamente quando incentivos geram altas recompensas para colegas dentro da empresa, a comparação social restringe a capacidade das empresas de replicar os mercados eficientemente. Portanto, isso deixa as empresas com uma escolha entre acessar as virtudes dos mercados ou as virtudes da integração, não ambas.

Como Gerenciar a Escolha ao Longo do Tempo

Embora a escolha de uma opção geralmente impeça a outra no momento da decisão, os gestores devem lembrar que escolhas do tipo produzir ou comprar não precisam ser estáticas. Decisões de integrar ou terceirizar continuam moldando comportamentos, investimentos e ações. A terceirização incentiva fortemente os fornecedores a reduzir custos e gerar soluções inovadoras, mas proporciona incentivos fracos para que estes fornecedores realizem investimentos valiosos específicos que a empresa possa desejar. A integração oferece suporte para uma coordenação complexa e investimentos especializados, mas proporciona menos incentivos para redução de custos e para mais inovações. Como com muita frequência as vantagens de ambas são necessárias em algum momento, a escolha entre produzir ou comprar planta a semente de sua própria destruição. Para um ativo ou atividade terceirizado, a passagem do tempo pode revelar um retorno menor de incentivos do mercado, porém um retorno maior de investimentos específicos para a empresa ou de uma coordenação complexa. Para uma atividade integrada, o tempo pode revelar o inverso – retornos menores para investimentos específicos ou uma coordenação complexa e retornos maiores para a inovação e a redução de custos que os incentivos do mercado estimulam.

Não raramente, as empresas vacilam frente à decisão de produzir ou comprar ao longo do tempo. A função de TI é um candidato particularmente comum e a dinâmica é ilustrativa. Quando a TI é integrada, têm incentivos para gerar soluções e serviços customizados para os clientes internos. Entretanto, esses mesmos incentivos, que motivam um aprendizado específico para empresa e uma customização, também oferecem pouca recompensa pelos esforços para se manter tecnologicamente atualizada ou para reduzir custos e aumentar o valor. Em contrapartida, quando terceirizada, a função de TI fica fortemente motivada a reduzir custos e se manter tecnologicamente atualizada, mas os incentivos para investir em soluções altamente customizadas são fracos. Com o decorrer do tempo, os benefícios adicionais da escolha atual podem diminuir, enquanto os benefícios descartados da escolha alternativa podem aumentar. Consequentemente, a decisão de ontem de integrar pode levar diretamente à decisão de hoje de terceirizar. Esses padrões dinâmicos refletem as vantagens inerentes e as desvantagens tanto de produzir quanto de comprar e suas incompatibilidades.

LIÇÕES APRENDIDAS

Decisões de produzir ou comprar não são meros itens de uma lista de tarefas – uma vez realizadas nunca são revisitadas. Pelo contrário, essas decisões pedem uma revisão frequente, com o reconhecimento de que uma decisão de mudar não é sinal de fracasso. Em vez disso, reflete a passagem do tempo e um grande desequilíbrio entre as vantagens e desvantagens da escolha.

Também não é suficiente ter uma teoria sólida guiando seus esforços para criar combinações de ativos e atividades. Você deve tomar decisões estratégicas baseadas em como irá gerenciar o acesso a essas atividades e ativos: você deve possuir o ativo ou pode acessá-lo através de contratação no mercado. Os custos e benefícios de cada um são:

- **Mercados:** Proporcionam fortes incentivos de desempenho, mas se esses incentivos não estiverem alinhados com seus interesses, você pode se tornar refém dos fornecedores ou fracassar em obter investimentos específicos que necessita que esses fornecedores façam. Você também pode sofrer se a criação de valor requer a coordenação de conhecimento ou de operações porque os mecanismos de mercado podem não promover o tipo de compartilhamento de que você precisa.

- **Integração:** A posse facilita o compartilhamento de conhecimento e de ativos, assegura a apropriação dos investimentos e por definição lhe garante o controle do ativo. Mas ao menos que isso seja importante para você, possuir os ativos e os recursos não será vantajoso porque a integração geralmente não consegue oferecer as recompensas e os incentivos por desempenho obtidos por mecanismos de mercado.

Recapitulando: O equilíbrio custo-benefício não é estático e organizações inteligentes reveem suas decisões de integração ou terceirização de ativos e capacidade de acordo com a evolução de suas necessidades.

CAPÍTULO 5

Moldando Relacionamentos Externos

Conforme mostrado no Capítulo 4, muitos dos ativos e recursos de que uma empresa precisará obter para pôr sua teoria em prática criarão mais valor se mantidos fora da empresa e terceirizados através de relacionamentos de mercado. Mas existem muitos tipos de relacionamento de mercado, e uma questão fundamental ao perseguir um experimento estratégico em particular é qual deles buscar; por exemplo, se adquirir o produto do fornecedor mais barato ou se desenvolver relacionamentos com alguns de maior preferência. A resposta para essa questão é um desafio perene, com um amplo leque de opções que se revelam continuamente. Conforme Friedrich Hayek comentou, "[Embora] o homem tenha aprendido a usar [o mercado] ... ainda está muito longe de ter aprendido a fazer o melhor uso dele".[1] É claro, muito mudou nos 70 anos desde que Hayek fez essa afirmação. Vamos começar entendendo como a teoria e as melhores práticas evoluíram antes de oferecer orientação sobre como enfrentar os desafios de estabelecer relacionamentos com fornecedores.

Uma Invasão de Alianças

A expansão econômica do Japão no final da década de 1970 e na de 1980 foi notável. Para muitos nos Estados Unidos pareceu uma invasão, à medida que as empresas japonesas aumentavam substancialmente sua participação em mercados altamente visíveis, tais como o de eletrônicos de consumo, semicondutores e automóveis.

O sucesso do Japão foi mais visível na indústria automotiva. Na Califórnia, a presença de carros japoneses nas ruas e estradas disparou. Esse sucesso se deveu a um notável sistema de produção que parecia entregar produtos de alta qualidade e baixo custo. Acadêmicos, consultores e empresas se reviraram para descobrir o segredo. A conclusão, incluindo o relato do próprio Ministério do Comércio Exterior e Indústria do Japão (MITI), é que o principal aspecto era uma abordagem diferente na gestão do relacionamento comprador-fornecedor.[2]

A novidade desta abordagem ficava mais evidente quando comparada com as práticas dos fabricantes americanos. A maioria deles, na época, adquiria peças e componentes de duas maneiras: ou através da integração plena ou de através de contratos *arm's lenght* (compra a preço de mercado sem um relacionamento sólido). No suprimento de peças e componentes ambas GM e Ford estavam substancialmente integradas. Uma pequena parte de peças e componentes remanescentes era suprida por contratos com fornecedores externos em licitações renovadas anualmente para assegurar que os fornecedores fossem disciplinados nos custos. Dessa forma, as montadoras americanas mantinham um conjunto consistente de fornecedores alternativos para cada peça.

A abordagem japonesa não poderia ser mais diferente. Para começar, as montadoras japonesas eram consideravelmente menos integradas, obtendo apenas uma pequena fração de suas partes e componentes de fontes internas. Mais importante, o leque maior de ativos que as empresas japonesas adquiriam através da terceirização eram geridas de um modo totalmente diferente. Os japoneses mantinham relacionamentos de longo prazo, estáveis, com um pequeno grupo de fornecedores. Em vez de usar um sistema de contrato anual com licitações recorrentes e forte competição, eles adotavam contratos de quatro ou cinco anos e trabalhavam colaborativamente com os fornecedores tanto para inovar quanto para reduzir custos. Além disso, embora a duração oficial desses contratos fosse de quatro ou cinco anos, implicitamente sua duração era bem maior, essencialmente sem data de expiração. Embora os japoneses de forma alguma tenham sido os inventores do relacionamento colaborativo, demonstraram poderosamente o potencial de gerar uma vantagem competitiva a partir dele.

O comportamento dos fornecedores que atuavam nesses modelos concorrentes também não poderia ser mais diferente. Os fornecedores japoneses fizeram investimentos consideráveis bastante específicos para seu comprador. Trabalharam colaborativamente com as montadoras para desenvolver e desenhar peças inovadoras e para estimular práticas de produção eficientes. Os fornecedores americanos se comportaram de forma muito diferente. Com um horizonte de um ano e um processo de decisão baseado quase totalmente em oferta de preço, esses fornecedores tinham poucos incentivos para fazer investimentos de produção customizados e de custo reduzido, muito menos em investimentos de longo prazo em desenhos inovadores. Além disso, para gerenciar a mudança constante de fornecedores, as montadoras americanas mantinham um elenco de milhares administrando o processo de compras (*procurement*) e contratação. Em meados da década de 1980, o pessoal de compras da GM era dez vezes maior do que o da Toyota, embora ela produzisse apenas o dobro de carros do que a montadora japonesa.[3]

Devido ao alto custo da operação de compras das montadoras americanas e, mais importante, os resultados relativamente fracos dessa operação, não surpreende seu nível agressivo de integração. Mas observe o resultado bem diferente do modelo japonês. A maior eficiência inerente à abordagem de contratação japonesa e o produto muito mais impressionante, especialmente com o uso de fornecedores para gerar inovações, permitiram às montadoras japonesas serem muito menos integradas. Embora essa abordagem nas relações comprador-fornecedor tenha sido particularmente evidente na indústria automotiva, as empresas japonesas a empregaram em outros setores também.

As empresas americanas responderam de forma previsível. Durante o final da década de 1980 e início da de 1990, reconfiguraram agressivamente seus arranjos com fornecedores para torná-los mais próximos aos dos japoneses. As empresas diminuíram drasticamente o número de fornecedores com que se relacionavam – um estudo mostrou que para automóveis lançados antes de 1986, uma montadora americana média mantinha 4,75 fornecedores por peça, mas para os modelos lançados após 1986, esse número caiu para 1,42 fornecedores por peça – essencialmente idêntico à média das três maiores montadoras japonesas.[4] Uma mudança igualmente drástica ocorreu na extensão dos contratos. Embora a mensuração estatística não se equipare àquela dos relacionamentos japoneses, a mudança mostra uma clara intenção das empresas americanas de desenvolver relacionamentos colaborativos mais estreitos com um número menor de fornecedores.

Essa tendência não se limitou à indústria automobilística. Empresas em praticamente todos os setores começaram a desenvolver composições mais colaborativas com seus fornecedores. Um estudo representativo calculou que a porção de negócios conduzidos por alianças saltou de 5% em 1990 para 40% em 2010.[5] Embora parte dessa mudança seja provavelmente uma simples reclassificação, certamente destaca sua magnitude. Consultores e acadêmicos ajudaram a impulsionar o movimento, promovendo o capitalismo de alianças e estimulando as empresas a comporem uma vantagem relacional.[6] Os consultores defendiam que as empresas americanas formavam sua própria *keiretsu* (termo japonês para redes de relacionamento estreito para suprimento) e se envolviam na construção de relações extensas com fornecedores.

As alianças também se tornaram um veículo padrão para gerenciar a inovação e a P&D em diversos setores além do de manufatura. Na indústria farmacêutica, por exemplo, alianças de P&D entre empresas de biotecnologia voltadas para a pesquisa e conglomerados farmacêuticos se tornaram um padrão e um meio crítico de sobrevivência.

Para muitas empresas, a formação de alianças levou naturalmente a uma tendência voltada para a desintegração vertical conforme as vantagens da terceirização se tornaram mais fortes. Entretanto, quando o caminho para gerenciar eficientemente relações de suprimento externo parecia totalmente claro, o final da década de 1990 trouxe uma revolução na tecnologia da informação que indiscutivelmente desencadeou uma onda de mudanças dramática – que lançou luz em um leque de opções totalmente novo para gerenciar relações externas com eficiência.

A Revolução da TI

Em 2000, havia 361 milhões de usuários da Internet. Em 2010, este número era de aproximadamente 2 bilhões, e em 2014, ultrapassava 3,3 bilhões.[7] Durante a década de 1990, o investimento corporativo em tecnologia da informação cresceu em um ritmo notável de 24% ao ano.[8] Esses investimentos, associados ao aumento do uso da Internet, permitiram uma comunicação mais robusta, monitoramento e coordenação com os fornecedores e, no processo, remodelaram a forma como as empresas se relacionavam com provedores e fornecedores externos.

Embora esses investimentos proporcionassem um suporte importante para alianças colaborativas de longo prazo, sua influência mais visível foi na reformulação dos relacionamentos confiáveis com fornecedores e outros provedores externos. Por exemplo, muitas empresas desenvolveram processos de licitação eletrônica. Nessas licitações, o comprador divulga digitalmente uma solicitação de cotação (SDC) para produtos ou serviços que deseja adquirir. Os fornecedores sinalizam seu interesse e o comprador filtra os candidatos com base em desempenho anterior, capacidade tecnológica, equipamentos, localização ou em outros critérios, e convida alguns a submeterem suas cotações eletronicamente (o comprador frequentemente já possui alguns fornecedores pré-qualificados que também podem apresentar sua proposta sem passar pelo processo de crivo). Nem todos os fornecedores interessados são chamados para participar da licitação, visto que a participação de fornecedores de baixa qualidade irá diminuir o interesse daqueles de alta qualidade, que temem ser vítima da tática *low-ball* (literalmente "bola baixa", em que o fornecedor abaixa o preço para ganhar a concorrência mas logo depois o eleva). Usualmente, os fornecedores convidados podem apresentar múltiplas cotações durante o período da licitação em resposta a outras cotações. Na conclusão do processo, o comprador aprova uma cotação (não necessariamente a mais baixa) e firma um contrato de fornecimento.[9]

A vantagem dessas licitações é o potencial que oferecem aos compradores de descobrir novos fornecedores com novas capacidades e níveis de preço.[10] Esse alcance amplo é particularmente importante em um cenário de constante mudança tecnológica, onde a troca ideal de amanhã pode ser diferente da de hoje. O acesso amplo de um comprador a novos fornecedores também pressiona os fornecedores existentes a permanecerem atualizados e competitivos no preço. Muitas organizações, desde grandes fabricantes, como Emerson, General Electric e Carterpillar ao governo dos Estados Unidos, utilizam extensivamente o meio eletrônico em seu processo de compras tanto para modernizar e ampliar sua relação com fornecedores como para aumentar seu poder de barganha. Essas licitações podem ser autogerenciadas ou gerenciadas por provedores externos, tais como o Ariba e o Fedbid.

A TI também remodelou profundamente a maneira como as empresas envolvem terceiros na inovação. Uma das verdadeiras revoluções no processo de compras é o uso crescente de parceiros fora da empresa, não apenas como fonte de produção e distribuição, mas como o veículo para a solução de problemas e desafios de inovação e para o desenho e desenvolvimento de produtos que a empresa comercializa. Entretanto, o acesso externo não é obtido através de alianças, mas por meio de plena concorrência com fontes de conhecimento distantes – não com fornecedores que a empresa possui um relacionamento consistentemente sólido, mas com fornecedores totalmente desconhecidos.

Um dos clamores do amplo movimento em defesa da inovação aberta é a crença, articulada primeiro por Bill Joy da Sun Microsystems, de que "a maioria das pessoas mais inteligentes trabalham para alguém outro". Em outras palavras, aqueles com as soluções mais simples, mais eficientes e menos custosas para os problemas que a empresa busca resolver provavelmente trabalham em outro lugar. E o mais provável ainda é que as empresas não têm a menor ideia de onde eles trabalham – nenhuma ideia de onde este conhecimento crítico reside. Estabelecer uma aliança com um provedor conhecido pode se mostrar imensamente inferior do que convidar uma gama de potenciais provedores a oferecer suas soluções ou propostas. A TI proporciona veículos extraordinários para fazer exatamente isso, permitindo que as empresas desenvolvam ou utilizem formas criativas de envolver terceiros.

A experiência da Procter & Gamble depois de 2000 oferece um exemplo excelente de uma empresa que usou a TI para reformular radicalmente sua abordagem de organização da inovação. Durante décadas, a P&G investiu pesado no desenvolvimento de laboratórios internos de P&D e de talentos técnicos como fonte de inovação. Entretanto, a estagnação das vendas e produtos novos de pouco sucesso causaram uma repentina queda no valor de mercado da empresa. O CEO AG Lafley, tendo observado que no setor de bens de consumo assim como em muitos outros setores, pequenas empresas ou mesmo inventores independentes são a principal fonte de inovações revolucionárias, determinou a reformulação total da abordagem de inovação da P&G. A principal questão para a P&G, portanto, se tornou: *Como desenhar um modelo organizacional que acesse eficientemente o imenso talento inovador que está fora da empresa?*

Simplesmente contratar inventores individualmente ou adquirir as pequenas empresas que os empregam não era uma opção. A companhia não tinha ideia de quem empregava esses inventores valiosos ou onde poderia encontrá-los. E mais, a P&G reconhecia os riscos inerentes a uma integração discutidos no Capítulo 4 – que adquirir empresas pequenas inovadoras provavelmente reprimiria sua inventividade ou que as pessoas que a P&G valorizava em particular sairiam. O objetivo em vez disso era criar conexões produtivas com essas fontes externas anteriormente desconhecidas – e a forma de conseguir isso seria transformando os 7.500 pesquisadores internos da P&G, que historicamente abominavam qualquer coisa "não inventada aqui", em pesquisadores que buscassem ativamente conexões com as centenas de milhares de pesquisadores e inventores de fora da empresa que trabalhassem com tecnologias relevantes relacionadas.

A TI foi o principal propulsor dessas conexões. Os pesquisadores usaram a web para varrer a literatura científica e os bancos de dados de patentes. A P&G estabeleceu redes com seus principais fornecedores que facilitaram a publicação e o compartilhamento de *briefings* de tecnologia aos quais os fornecedores respondiam privadamente. A partir dessa prospecção eletrônica com os fornecedores existentes, foram criados novos projetos de P&D em parceria. Mais importante, numa iniciativa de acessar a imensa diversidade de tecnologias e competências desconhecidas por seus pesquisadores internos, a P&G também participou agressivamente de plataformas de inovação de terceiros, tais como Innocentive, NineSigma e YourEncore. Essas plataformas são especializadas em divulgar determinados tipos de problemas e dificuldades e em proporcionar acesso a diferentes grupos de solucionadores de problemas. Com isso surgiram inúmeras conexões novas, únicas e altamente eficientes que estimularam a inovação. A produtividade de P&D aumentou 60%, enquanto o investimento diminuiu. O sucesso das inovações na P&G dobrou com o lançamento de novos produtos, que incluíram do Pringle Prints à Borracha Mágica, desenvolvidos a partir dessa iniciativa.

É claro, não há nada particularmente novo sobre usar gente de fora para inovar. Contratar pesquisa externa, licenciar tecnologia e acessar comunidades de usuários há muito tempo é algo essencial para criar inovações em muitos setores.[11] Mas o que mudou claramente na P&G e em outras companhias foi o uso da tecnologia para facilitar a colaboração, o design e o desenvolvimento à distância. Adicionalmente, plataformas que suportam a inovação por meio de contribuição colaborativa se tornaram mais acessíveis e eficientes. Além daquelas acessadas pela P&G, existem muitas outras plataformas que facilitam a postagem de problemas que necessitam de solução e o acesso aos solucionadores dos problemas. Muitas são especializadas em criar competições para a solução de problemas em comunidades online. Conforme discutido por Kevin Boudreau e Karim Lakhani em um artigo publicado na *Harvard Business Review*, muitas das plataformas de competição, tais como Kaggle, TopCoder, Tongal, HYVE, Quirky, crowdSPRING, DesignCrowd se tornaram altamente especializadas em solucionar tipos específicos de problemas (por exemplo: publicidade, software de programação, design de produto) e portanto em atrair comunidades especializadas em solução de problemas.[12]

Um Emaranhado de Escolhas

Assim como fazer a escolha certa entre produzir ou comprar é essencial para criar o valor que sua teoria preconiza, o mesmo se aplica a escolher corretamente como acessar o que você compra. Aqui também a resposta não é simples. Uma mudança substancial para relações baseadas em alianças impulsionou melhoras dramáticas no desempenho em uma grande variedade de setores. Uma abordagem totalmente diferente, fundamentada no uso mais agressivo de licitações de plena concorrência e de inovações colaborativas, estimulou a melhora do desempenho em outros.

Resumindo, as últimas três décadas foram um período de extraordinária inovação em *sourcing* (terceirização) que conduziu as empresas em rumos muito diferentes – rumos que frequentemente mudaram com o tempo. Algumas empresas buscaram construir relações de suprimento colaborativas com profundas conexões sociais, talvez nesse processo empurrando para fora da empresa muitos relacionamentos de troca que antes ocorriam internamente. Outras empresas passaram a expandir agressivamente sua utilização de mercados baseados em tecnologia, competições e plataformas de inovação que ou transformaram relacionamentos anteriormente gerenciados por alianças em trocas de plena concorrência ou levaram trocas anteriormente internas para fora da empresa. O uso de alianças, conforme formalmente registradas em vários bancos de dados, parece ter chegado ao auge em meados da década de 1990. O uso de trocas eletrônicas cresceu a partir de então. Atualmente, muitas empresas usam uma combinação dessas alternativas.

Dada a ampla diversidade de alternativas, sem escassez de defensores para cada uma, o que deve guiar o rumo de sua empresa? Quando os relacionamentos sociais profundos característicos das alianças de longo prazo são a melhor escolha para criar o valor que você almeja? Quando as licitações, competições e plataformas de inovação, deliberadamente de plena concorrência, são a melhor opção? No nível mais básico, a resposta para essa pergunta é semelhante àquela para a decisão de se produzir ou comprar: a escolha depende do valor dos relacionamentos em entregar o que sua teoria preconiza comparado ao valor que a capacidade ampla do mercado de buscar e atrair proporciona para a realização desta visão.

Qualquer dado relacionamento de troca, tanto alianças quanto arranjos de plena concorrência, possui seus méritos. Identificar um parceiro ideal é imprescindível, mas também é imprescindível certa de medida de cooperação e investimento específico para a troca. Mas novamente, assim como para a decisão de produzir ou comprar, os caminhos são de certo modo contraditórios. As alianças estimulam os fornecedores a fazerem investimentos específicos à troca e geralmente facilitam uma troca confiável e colaborativa, mas também podem criar complacência e restringir a capacidade da empresa de buscar amplamente e descobrir novas trocas valiosas. A compra do tipo plena concorrência, através de RFQs – licitações, competições e plataformas –, atrai e promove uma busca ampla que induz aqueles com capacidades valiosas, conhecimento e com capacidade de se autoidentificar, mas pode também desencorajar o tipo de investimento especializado de que você precisa. Ir muito longe em qualquer dessas direções prejudica o desempenho. A obsessão da indústria automobilística por concorrências competitivas e licitações de plena concorrência levaram a uma queda dramática do desempenho em relação a seus pares japoneses. As alianças mostraram ser a solução. O foco da P&G em integração e um grupo limitado de relacionamentos externos de troca reprimiu seu potencial de inovação. A busca ampla de colaboradores externos para resolver problemas, *broadcast search*, mostrou ser a solução. Fazer esta escolha de governança acertadamente é crítico para entregar o valor que sua teoria corporativa preconiza.

Fazendo a Escolha Certa

Decisões sobre a composição de relacionamentos externos devem ser moldadas pelas características do problema que você busca resolver ou pelas características da troca desejada. Embora exista um imenso leque de características potenciais, apenas três delas são essenciais para definir o escopo do controle necessário para uma determinada troca. Vamos abordá-las a seguir na forma de três perguntas. Note que essas perguntas e, portanto, a abordagem indicada são específicas para uma determinada troca ou problema; elas não definem a política geral de uma empresa.

Empresas eficientes em compras externas terão um amplo portfólio de opções de compras, incluindo de alianças e parcerias a licitações e contribuições colaborativas (*crowdsourcing*).

> *Quem possui o conhecimento crítico para a construção do valor que você almeja?*

A questão central de determinar como moldar relacionamentos com parceiros externos é identificar quem, se você ou eles, possui o conhecimento crítico para administrar as ações e os comportamentos deles de modo a criar o valor que você almeja.

Se você não possui o conhecimento apropriado, assumir o controle e a influência desmerecidos sobre os fornecedores através de uma aliança e/ou um contrato elaborado incorre claramente em um custo. Diminui a motivação dos parceiros externos que talvez tenham uma noção muito melhor de como usar os ativos, produtos e a tecnologia que possuem do que você. E muito importante, seu compromisso com uma aliança pode desencorajar outros potenciais provedores das soluções ou dos ativos de que você necessita – e do conhecimento necessário para usá-los eficientemente – de se autoidentificar. Como já observei anteriormente, os mercados possuem um poder quase mágico de motivar os outros a fazerem o que é desejado sem que você precise comandar ou controlá-los. Em um comentário profundamente perspicaz Friedrich Hayek observou que "o fato mais significativo sobre este sistema [o mercado] é a economia de conhecimento em que ele opera, ou quão pouco os participantes individuais precisam saber [sobre outros atores] para serem capazes de tomar a decisão certa".[13] Uma decisão que possa tirar seu acesso a este recurso valioso deve ser tomada com o maior dos cuidados.

Claramente, nas situações em que o único conhecimento crítico que você precisa revelar seja a descrição do componente que deseja produzir ou do problema que deseja resolver, um mercado com relacionamentos de plena concorrência oferece a melhor solução, prontificando os fornecedores que possuem soluções valiosas de baixo custo a concorrerem agressivamente para oferecê-las a você e exigindo muito pouco em termos de seu controle.

Mas nas situações em que seu rumo e conhecimento são vitais para moldar as ações do provedor externo, uma aliança de longo prazo pode ser necessária. Essas situações costumam surgir quando suas expectativas sobre as ações, os investimentos ou comportamentos maximizadores de valor dos fornecedores diferem das expectativas deles, significando que você precisaria de contratos minuciosamente elaborados e de um monitoramento extenso para que uma colaboração baseada em mercado funcionasse. Nesses cenários, portanto, convencer os provedores a evitarem os comportamentos que os incentivos de mercado estimulam provavelmente irá exigir um controle maior do que uma aliança permite.

Quão Singular é a Solução Que Você Busca?

No Capítulo 4, discuti em certa extensão o problema de *hold-up* que ocorre quando a natureza de um relacionamento de troca exige que você e/ou seu fornecedor façam investimentos únicos específicos para essa troca. Conforme observado, os fornecedores, reconhecendo pouco uso alternativo para esses investimentos, ficam relutantes em realizá-los antes de tudo, já que não veem uma forma de monetizá-lo caso o relacionamento termine, ou mesmo caso você ameace isso. Ao mesmo tempo, você pode enfrentar exatamente o mesmo dilema. Pode não estar disposto a investir nessa troca temendo que o provedor externo termine ou ameace terminar o relacionamento e dessa forma mantenha você refém (hold-up) do valor específico de seu investimento.

Portanto, continuidade, confiança e cooperação são críticos quando seus ativos e atividades e os de seu fornecedor já são únicos, ou quando através de investimentos se tornem específica ou unicamente complementares. Sem uma integração, somente a continuidade e a confiança no relacionamento de troca irão motivar tanto você quanto o fornecedor a fazer os investimentos especializados necessários para essa troca. Na ausência de expectativas de longevidade e confiança, ambas as partes se preocupam com a perda potencial de valor desses investimentos específicos – um valor que só surge através de uma troca estendida. Sua tarefa nessas circunstâncias é construir relacionamentos de troca colaborativos que promovam a confiança e a cooperação.

Por outro lado, quando diversos fornecedores podem proporcionar a sua empresa o valor que você busca, ou quando mudanças na tecnologia significam que o fornecedor ideal pode mudar com o tempo, a continuidade nas relações de suprimento oferece pouco valor. Sob essas condições, envolver diversos fornecedores potenciais supera qualquer valor que uma confiança maior associada à continuidade pode oferecer ao relacionamento de troca. Aqui, a capacidade de mudar facilmente de fornecedor sem qualquer obrigação social ou compromisso é crítica para uma criação sustentada de valor.

Quão Difícil é Especificar ou Medir os Comportamentos ou Resultados que Você Deseja?

É difícil motivar através de mercados e contratos o que você não consegue especificar ou medir. Mas frequentemente a criação de valor exige uma coordenação complexa de atividades de uma maneira difícil de mapear com antecedência. Em vez disso, uma adaptação contínua é essencial. A criação de valor pode exigir também um extenso compartilhamento de conhecimento à medida que você e seu parceiro externo trabalham para criar algo valioso e inovador. Como a composição exata dessa configuração é desconhecida de antemão, é impossível especificar os comportamentos e resultados ideais. Aqui, seu objetivo é compartilhar extensivamente o conhecimento e orquestrar em tempo real essa recombinação totalmente nova.

Embora uma teoria corporativa possa ajudar a identificar um fabricante ou um provedor de tecnologia com que estabelecer um relacionamento de troca, pode revelar poucas especificações do que você precisa. Essa incapacidade de definir precisamente o curso de ação cria valor na construção de alianças colaborativas. Na verdade, a troca de mercado de plena concorrência tende a exacerbar o problema de coordenação, desencorajando ambos o compartilhamento de conhecimento e a coordenação cuidadosa necessária. Problemas altamente complexos e que envolvem a combinação de uma grande quantidade de conhecimento a partir de diferentes fontes costumam pedir a integração plena ou alianças com colaboração estreita. Por outro lado, se você consegue definir precisamente um problema que precisa resolver ou um produto, serviço ou peça de que necessita, então mecanismos como uma troca de plena concorrência, ou uma licitação eletrônica ou até mesmo uma competição podem se mostrar suficientes.

Resumindo, três fatores guiam sua decisão quanto a relacionamentos em um espectro que abrange de alianças colaborativas a trocas plena concorrência: (1) a importância do conhecimento que você possui comparado ao conhecimento de seu fornecedor para moldar ações e comportamentos desse fornecedor, (2) a especificidade dos investimentos necessários e (3) a dificuldade de medir ou definir os comportamentos desejados. Quando os fornecedores possuem o conhecimento crítico para solucionar seus problemas e para atender o relacionamento de troca eficientemente, quando o investimento necessário é pouco específico e quando os resultados desejados são mensuráveis, então contratos, licitações, competições e a contribuição colaborativa podem ser a melhor opção. Quando essas condições não se aplicam, desenvolver relacionamentos estreitos e duradouros pode ser a chave para o sucesso (o quadro a seguir "Por Que Contratos São Importantes" descreve em detalhes o papel dos contratos no desenvolvimento de relacionamentos duradouros).

Por Que Contratos São Importantes

A natureza exata da influência de um contrato é tema de certa controvérsia. Um estudo da década de 1960, ainda amplamente citado, alega que "contratos negociados em muito detalhe podem atrapalhar a criação de bons relacionamentos de troca entre unidades de negócios".[a] O estudo argumenta que contratos sinalizam falta de confiança e transformam o que de outra forma seria uma "empreitada cooperativa em um regateio antagônico". Outros também postulam que reparações legais também erodem relacionamentos interpessoais e substituem a "boa vontade de um indivíduo" por exigências formais".[b] Esses estudiosos apontam para o fato de que em trocas colaborativas, os contratos são em grande parte ignorados por ambas as partes, argumentando que a formalidade de um contrato exclui o bom comportamento.

Entretanto, estudos empíricos sobre o papel desempenhado pelos contratos em moldar relacionamentos cooperativos sugerem o oposto do argumentado por estes especialistas. Embora existam bolsões na economia global que efetivamente desfrutam de relacionamentos colaborativos sem contratos formais, a evidência sugere que contratos bem elaborados desempenham um papel importante e positivo em promover a formação de trocas colaborativas e em estimular a confiança.[c] O vencedor do Prêmio Nobel Douglass North sugere que instituições formais, tais como contratos, servem como complementos para proporcionar um controle informal.[d] Os contratos formais estendem a duração esperada de um relacionamento. Com um horizonte de troca maior, os fornecedores têm maior probabilidade de cooperar, permitir uma coordenação mais estreita e facilitar investimentos específicos. Os contratos também podem especificar procedimentos para adaptar relacionamentos com mais flexibilidade, o que dá suporte à longevidade da associação. Neste sentido, contratos bem elaborados e alianças colaborativas são complementos em vez de substitutos.

Portanto, a chave para desenvolver relacionamentos valiosos com fornecedores vai além de ir a restaurantes e a clubes de golfe. Em vez disso, esses relacionamentos podem ser estreitados através de instrumentos cuidadosamente elaborados que esculpem a interação produtiva e protegem contra o mau comportamento. Os contratos também podem desempenhar um papel vital em permitir que as empresas saiam de relacionamentos colaborativos que chegaram ao fim em termos de criação de valor e iniciem outros relacionamentos mais valiosos. A capacidade de elaborar contratos, portanto, é crítica para qualquer empresa que almeja construir um ecossistema de relações eficientes com fornecedores.

a. Stewart MacCaulay, "Non-Contractual Relations in Business: A Preliminary Study", *American Sociological Review* 55 (1963): 145-164.
b. Sim Sitkin e Nancy L. Roth, "Explaining the Limited Effectiveness of Legalistic 'Remedies' for Trust/Distrust", *Organization Science* 4, no. 3 (1993): 367-392.
c. Veja Laura Poppo e Todd Zenger, "Do Formal Contracts and Relational Governance Function as Substitutes or Complements?" *Strategic Management Journal* 23, no. 8 (2002): 707-725, e citações empíricas no estudo de Zhi Cao e Fabrice Lumineau, "Revisiting the Interplay between Contractual and Relational Governance", *Journal of Operations Management* 33, (2015): 15-42.
d. Douglass C. North, *Institutions, Institutional Change and Economic Performance* (Cambridge: Cambridge University Press, 1990).

Uma Dinâmica Instável

Por fim, ao decidir sobre qual tipo de relacionamento estabelecer com fornecedores externos, é importante notar que a resposta para as três perguntas descritas acima tende a mudar com o tempo. Existe uma tensão no âmago de todas as relações com fornecedores. Criar relacionamentos valiosos exige foco – tanto na seleção de um parceiro quanto na construção de relações colaborativas com este parceiro. Mas o foco ampliado em um determinado relacionamento pode gerar dois resultados potencialmente negativos. Primeiro, o relacionamento se torna cada vez mais único e proporciona ao fornecedor a capacidade crescente de extrair valor deste relacionamento. Segundo, conforme um relacionamento como este se aprofunda, desestimula a partida da empresa para um parceiro novo talvez mais valioso.

Se você começa usando uma competição ou uma plataforma de postagem de problemas para identificar parceiros externos que possam fornecer o conhecimento e as competências diferenciadas de que você precisa, pode descobrir depois de encontrar esses parceiros que se sente motivado a estabelecer alianças de longo prazo ou relacionamentos mais cooperativos com eles. Ou pode começar com uma aliança colaborativa estreita, mas descobrir valor em usar uma licitação, um pedido de cotação RFQ (Request for Quotation) ou uma concorrência para aumentar seu nível de barganha com seu parceiro existente. Mudar os termos de um relacionamento dessa forma pode ser inevitável. Um estudo que conduzi com Dan Elfenbein examinou as práticas de e-procurement de um dos maiores usuários de licitações online.[14] Observamos diversos padrões intrigantes fundamentais para gerenciar a dinâmica dos relacionamentos:

- **Os compradores dão muito valor aos fornecedores com quem possuem um histórico de relacionamento**, aceitando propostas de preço mais alto daqueles com quem já fizeram muitos negócios.

- **Os fornecedores reconhecem o valor que os compradores lhes atribuem**, e conforme aprendem qual valor os compradores atribuem às relações, procuram capturar mais dele.

- **Os compradores parecem oscilar ao longo do tempo,** às vezes preferindo fornecedores com quem já tiveram um relacionamento de troca anterior e às vezes preferindo fornecedores com a proposta de menor preço.

Em outras palavras, quando um comprador observa os fornecedores tentando capturar valor através de preços mais altos, torna-se mais agressivo em escolher o menor preço. Com isso, cultiva ativamente novas relações com fornecedores. Entretanto, com o passar do tempo, esses relacionamentos se aprofundam e os novos fornecedores elevam os preços, buscando capturar parte do valor que o comprador atribui aos relacionamentos. Mais uma vez, o comprador é motivado a procurar novos parceiros com preço mais baixo.

O padrão é claro. Os relacionamentos são valiosos, mas sua empresa também deve manter a busca por novos parceiros não só como fonte de novas competências e custos menores, mas também como um meio de aumentar seu poder de barganha com os fornecedores existentes. Não existe um equilíbrio estável simples, mas uma dinâmica contínua em que as empresas buscam constantemente construir relacionamentos valiosos com parceiros externos ideais e então se posicionar para capturar mais do valor criado.

Embora estruturar eficientemente relacionamentos no mercado seja vital para a criação de valor guiada por uma teoria corporativa, também é importante o desenho organizacional das atividades e ativos que você decide manter internamente. De fato, para a efetivação de muitas teorias corporativas, o desenho interno – a estrutura de incentivos, comunicação e direitos de decisão e a dinâmica em que estes são gerenciados – talvez seja o principal veículo para a criação de valor. O Capítulo 6 explora esse tema.

LIÇÕES APRENDIDAS

Obtemos algumas lições importantes com esta discussão:

- **Não se limite a uma única estratégia de relacionamento.** Existem diversas opções para escolher, que vão de licitações e contribuições colaborativas online a alianças e contratos de longo prazo. Todas elas com vantagens e desvantagens, e a importância de cada uma evolui com o tempo e com o contexto. Parcerias colaborativas estreitas facilitam o compartilhamento extenso de conhecimento e a troca de investimentos específicos. Trocas do tipo plena concorrência no mercado, incluindo licitações, SDC simples, plataformas de inovação e competições permitem um acesso amplo a novos parceiros.

- **Ao escolher uma estratégia de relacionamento, faça três perguntas.** A primeira pergunta diz respeito a onde reside o conhecimento crítico para compor o valor que você almeja. Você possui este conhecimento crítico e, portanto, requer um controle substancial para moldar o comportamento do fornecedor, ou os fornecedores já possuem o conhecimento necessário? A segunda pergunta diz respeito à singularidade do produto ou atividade que você está criando com o fornecedor. Será preciso um investimento específico por parte do fornecedor para atender sua necessidade ou seu benefício será maior com a inovação empreendida naturalmente por fornecedores em um contexto competitivo? A primeira alternativa sugere um relacionamento colaborativo, baseado em confiança; a segunda, um relacionamento de plena concorrência no mercado. Por fim, a terceira pergunta é você consegue especificar e medir o comportamento que deseja de seu fornecedor? Se a resposta for sim, então abordagens baseadas no mercado predominarão. Se o papel do fornecedor não for fácil de especificar, um relacionamento baseado em estratégia pode ser mais apropriado.

- **Esteja preparado para conviver com mudanças.** As relações com os fornecedores são intrinsecamente instáveis. Um estudo sobre propostas competitivas ao longo do tempo mostra que mesmo num contexto de mercado, os relacionamentos evoluem de acordo com os interesses por um período de tempo e depois são abandonados com a erosão desse alinhamento.[15] E quando as partes estão vinculadas por um relacionamento estreito inicialmente, chega um momento em que uma das empresas precisa ser mais rígida introduzindo a concorrência para evitar que o fornecedor extraia valor demais do relacionamento. Líderes estratégicos otimizam a criação de valor usando contratos competentemente para moldar o relacionamento com os fornecedores de forma dinâmica ao longo do tempo, criando possibilidades para aprofundar o relacionamento ou extingui-lo conforme as necessidades da empresa evoluem.

PARTE 3

Mobilizando por Valor

CAPÍTULO 6

Design Organizacional Dinâmico

Uma de minhas primeiras experiências como professor foi numa aula noturna para alunos de MBA, em que pelo menos metade deles eram mais velhos do que eu e todos tinham muito mais experiência no mundo real.[1] O tema daquela noite era design organizacional, especificamente, a decisão de centralizar ou descentralizar – uma escolha com implicações profundas para a estrutura de incentivos, padrões de comunicação e direitos de decisão. Discutimos como designs descentralizados promovem a inovação, a motivação e a autonomia para agir, enquanto o design centralizado tem como base o controle, a eficiência e a coordenação. Minha principal mensagem (bastante previsível) foi sobre a necessidade de "desenhar para adequar" – adequar a estrutura organizacional à estratégia, uma ideia que a princípio parece muito sensata.

Quando a discussão de caso terminou, um aluno que trabalhava para a McDonnell Douglas (agora Boeing) levantou a mão e observou: "Discordo de tudo o que você disse. Vi nossa empresa ir e voltar da centralização para a descentralização repetidamente, e isso não tem nada a ver com o que você acabou de descrever". Um colega interrompeu "Concordo plenamente [com o outro aluno]. Nossa empresa também fica pulando de uma para outra. Tenho certeza de que os gestores não têm a menor ideia do que estão fazendo".

Esse começo realista de minha carreira como professor apresentou um dilema que me acompanhou durante anos. Se a adequação é o principal objetivo do design organizacional – adequar-se ao cenário ou à estratégia – por que as empresas mudam seu design com tanta frequência? Será que as estratégias ou os cenários estão realmente mudando neste ritmo? Será que os gestores estão falhando em melhorar o desempenho?

Talvez estejamos fazendo a pergunta errada. Se você considera que a criação sustentada de valor diz respeito a ter uma teoria que aponta repetidamente para novas combinações de ativos e atividades e que essas combinações novas e em contínua mudança requerem um conjunto complexo e divergente de incentivos e comportamentos, tais como uma atenção ampla para a inovação e, ao mesmo tempo, uma obsessão por redução de custo, então fica logo evidente que sua organização nunca conseguirá se adequar perfeitamente a uma estratégia. Bastante simples, nenhum design organizacional interno (ou conjunto de relacionamentos contratuais) consegue configurar ou focar todo o leque de comportamentos complementares que a concretização de uma teoria requer. O caminho para a criação sustentada de valor requer levar a organização para diversas direções. Desenhar uma estratégia que busca perseguir todas essas direções ou que estende a atenção para todos esses comportamentos ao mesmo tempo será necessariamente menos eficiente do que uma abordagem em que os designs para perseguir uma teoria corporativa são sequenciados temporalmente para enfatizar um conjunto mais focado de comportamentos em um determinado momento ao longo do tempo. Note que nesta visão, mudanças no design ou na ênfase não são guiados pela dinâmica do cenário que requer a mudança de foco, mas sim pela complexidade deste foco e das limitações do design em moldar idealmente tanto a atenção individual quanto a organizacional.

Olhando para trás, é irônico que o caso que usei na aula para ilustrar a teoria da melhor adequação da estrutura organizacional foi da Hewlett-

-Packard. Ele ilustrava extraordinariamente a importância da adequação – tanto as consequências de uma adequação pobre quanto as melhorias que acompanham a correção. Mas também se mostrou um caso de estudo sobre a instabilidade do design organizacional e a necessidade de uma dinâmica contínua guiada por um líder.

Não Existe Adequação Perfeita

Quando ministrei aquela aula noturna, a HP havia concluído sua primeira grande reestruturação organizacional. A companhia tinha um longo histórico de extrema descentralização e considerável autonomia. No início da década de 1980, a empresa era composta por 45 divisões pequenas, cada qual desenvolvendo, produzindo e em grande parte comercializando seus próprios produtos específicos. Esse design organizacional impulsionou o sucesso inicial da HP como fabricante de dispositivos de teste e medição, e a posicionou como uma das empresas mais inovadoras do mundo.

Nessa época, a HP surgiu como um ator importante na computação, competindo cada vez mais com a potência IBM. Ao contrário de seu negócio autossuficiente de instrumentos de teste e mensuração, cujos clientes preferiam que os produtos fossem deixados em sua mesa com no máximo um manual de instruções numa transação clássica do tipo geek-a-geek, a computação exigia soluções integradas – e as divisões autônomas agora estavam produzindo componentes incompatíveis, dando suporte a esforços de desenvolvimento redundantes e criando clientes confusos. Pela primeira vez, a HP se deparou com problemas e desafios para os quais o design organizacional existente oferecia soluções pobres.

Para sanar isso, no início de 1983 a HP tomou medidas significativas voltadas para a centralização da produção, do marketing e da engenharia. A mudança logo produziu maravilhas. A companhia chegou a um consenso sobre padrões e plataformas, eliminou a redundância, desenvolveu soluções integradas e gerou clientes felizes. O desempenho financeiro também melhorou. Além disso, a direção também estava convencida de que com esta nova estrutura, a HP havia alcançado um design que equilibrava eficiência e coordenação com autonomia e inovação. Era aí que o caso terminava – uma ilustração poderosa de como o design para a adequação frente a uma mudança na estratégia aumenta o desempenho.

Entretanto, conforme se constatou mais tarde, isso era apenas o começo do caso da HP. Enquanto eu ministrava minha malfadada aula, a Hewlett-Packard estava na verdade começando a reverter seu rumo – descentralizando de novo. No final da década de 1980, a inovação na HP estava no fundo do poço. O lançamento de novos produtos estava atrasado. A tomada de decisões estava atolada em processos administrativos; até mesmo as decisões mais simples eram levadas para o alto escalão. O desempenhou financeiro também piorou. Em resposta, a HP descentralizou sua estrutura, concedendo uma autonomia considerável a suas divisões, inclusive tirando do QG de Palo Alto a chefia das divisões. A inovação e o desempenho como um todo melhoraram. Com a mudança, a alta administração da HP e os analistas de investimentos que cobriam a empresa se convenceram de que a empresa havia atingido o equilíbrio adequado entre as capacidades de inovação proporcionadas pela autonomia e a eficiência e coordenação proporcionadas pela centralização.

Em 1995, a empresa mudou de rumo novamente. Seu desempenho havia caído e os executivos perceberam a necessidade de coordenar o desenvolvimento de soluções e integrar seu conhecimento de tecnologia disperso. A HP mais uma vez iniciou uma mudança rumo à centralização. À medida que a coordenação melhorou, o mesmo aconteceu com o desempenho. Os executivos da empresa e os relatórios dos analistas de investimentos novamente expressaram a convicção de que a HP havia alcançado um bom equilíbrio – tornando-se agora uma companhia mais "ágil e competitiva, com uma oferta melhor de produtos e serviços [e] uma habilidade maior de entregar soluções".[2]

Não deve surpreender, entretanto, que outra mudança estrutural se seguiu pouco depois, quando o desempenho da HP diminuiu novamente em 1998. Como era de se esperar, a HP voltou para a descentralização e o desempenho melhorou por um tempo. Mas quando Carly Fiorina chegou em 1999, pela primeira vez uma CEO vinda de fora, foi atingida pela ineficiência e pela falta de coordenação em todas as divisões. Ela imediatamente centralizou a HP em um nível sem precedentes na história, e o resultado foi positivo. Mas, sem dúvida, por volta de 2004, Fiorina enfrentou uma enorme pressão do conselho e dos analistas para descentralizar. Em grande parte, o motivo de sua demissão abrupta foi por relutar em ouvir o conselho e, particularmente, em relutar em afrouxar as rédeas e descentralizar. O novo CEO Mark Hurd, é claro, fez exatamente isso e o desempenho financeiro cresceu novamente.

Curiosamente, com toda essas mudanças estruturais radicais e custosas – estas idas e vindas no design – a HP se posicionou como a maior empresa de TI do mundo. O valor de suas ações superou em desempenho todos os índices amplos de mercado durante toda essa janela de tempo. Isso sugere fortemente que, longe de ser algo ruim, a reestruturação repetida pode ser na verdade o que as grandes empresas em busca de uma vantagem competitiva sustentada devem fazer. O design organizacional, em outras palavras, não é uma busca pelo Santo Graal da melhor adequação – uma solução estável capaz de configurar comportamentos, investimentos, decisões, comunicação e fluxos de conhecimento internos que juntos irão gerar o valor que você almeja. É fundamentalmente uma empreitada dinâmica, mesmo que a estratégia e o cenário sejam estáveis ou até estáticos. A HP, por exemplo, permaneceu consistentemente focada ao longo de toda essa história em duas dimensões críticas de desempenho: inovação e eficiência, ou o que alguns rotularam de *exploration* e e*xploitation*. Quando a HP descentralizou, obteve sucesso na inovação (exploration); quando centralizou, promoveu a alavancagem do conhecimento existente (*exploitation*). A despeito de seus melhores esforços e contínua retórica, nunca conseguiu descobrir uma estrutura que equilibrasse essas duas preocupações permanentes. Em vez disso, atingiu o sucesso em ambas mudando o design dinamicamente conforme a importância dessas duas dimensões mudava.

O Desafio da Complexidade

Mesmo que a HP não estivesse perseguindo dois objetivos um tanto conflitantes, certamente precisaria desenhar e redesenhar à medida que crescia. Isso devido a outro problema fundamental com a premissa de que o design organizacional é estável: é impossível que um único design bem elaborado e abrangente, ancorado em atividades que podem ser medidas, consiga gerar um padrão altamente complexo de comportamentos de uma só vez. Os gestores, não importa quão competentes sejam, simplesmente não conseguem construir o conjunto de incentivos e estruturas e o respectivo ambiente social que irão gerar os comportamentos, investimentos e os resultados que uma teoria para a criação sustentável de valor contínua (em oposição à busca por uma vantagem competitiva individual) necessita. Qualquer iniciativa de elaborar um modelo organizacional tão abrangente e definitivo para competir em um mundo complexo de múltiplos incentivos e comportamentos irá inevitavelmente se deparar com um ou mais dos três problemas a seguir:

Cérebro sobrecarregado

Nosso cérebro simplesmente não tem sinapses para responder eficientemente a designs complexos que nos pressionem a tomar várias direções ao mesmo tempo. Não estamos programados cognitivamente para a multitarefa. Na verdade, um estudo sugere que aqueles que alegam uma capacidade extraordinária para multitarefas são na realidade particularmente incompetentes.[3] Um estudo publicado em 2010 por dois pesquisadores parisienses oferece uma explicação. Os participantes receberam primeiro uma, depois duas e por fim três tarefas complexas de combinação de letras, enquanto a atividade cerebral foi monitorada pela tecnologia de ressonância magnética funcional (FMRI). Quando os participantes receberam apenas uma tarefa, tanto o hemisfério direito do cérebro quanto o esquerdo se concentraram na realização dessa única tarefa. Com a introdução de uma segunda tarefa, o hemisfério esquerdo se concentrou em uma atividade e o direito em outra, cada hemisfério trabalhando independentemente para atingir seu respectivo objetivo e recompensa. Quando a terceira tarefa foi acrescentada, os participantes se esqueciam continuamente de uma delas. Também cometeram três vezes mais erros do que quando dividiram sua atenção entre duas tarefas. A conclusão foi que, quando tentamos perseguir três objetivos ao mesmo tempo, simplesmente descartamos um deles e ainda assim concretizamos os outros dois com bastante ineficiência.[4]

Não surpreende, portanto, que as organizações enfrentem dificuldades quando pressionadas a focar em múltiplos objetivos e dimensões de desempenho. Embora as organizações possam dividir para conquistar designando diferentes problemas, metas e objetivos a diferentes grupos, essa abordagem tem limites claros. Muitos dos problemas, metas e objetivos que uma teoria corporativa revela possuem aplicações em todos os grupos e indivíduos e, portanto, não podem simplesmente ser alocados da forma "dois por grupo". Dadas as limitações da atenção cognitiva, manter uma atenção substancial em múltiplos objetivos na organização requer o sequenciamento do foco e da ênfase ao longo do tempo. Num nível puramente cognitivo, exigir a concentração da atenção em diversos objetivos ao mesmo tempo é simplesmente um esforço jogado no lixo.[5]

Motivações divididas

Mesmo se deixarmos de lado as limitações cognitivas individuais, um problema fundamental de motivação atinge comumente iniciativas de dirigir a atenção a diversas metas e objetivos simultaneamente. A única exceção ocorre quando as mensurações e objetivos revelados por sua teoria corporativa são altamente *correlacionados* – isto é, quando a atenção dada a um objetivo melhora outro. Aqui, os comportamentos necessários para gerar a medida A são substancialmente os mesmos necessários para gerar a medida B. Motivar um motiva o outro. Mas esse cenário é altamente improvável, e é aí que reside o desafio. Por exemplo, quando os comportamentos necessários para gerar uma ação autônoma e inovação diferem dos comportamentos necessários para produzir eficiência e coordenação, como o funcionário determina uma resposta eficiente? Dizer aos funcionários para maximizar o lucro atual, a qualidade, a participação de mercado, a entrega de serviços, o crescimento futuro e tudo o mais considerado importante os deixa confusos sobre o que priorizar.[6]

Quando as métricas de desempenho diferem em precisão e no grau em que os empregados conseguem controlá-las, o desafio da motivação se torna ainda maior. Atividades cujas dimensões de desempenho são mal mensuradas ou difíceis de controlar são negligenciadas em favor daquelas cuja métrica produz resultados mais mensuráveis e os resultados mais fáceis de controlar. A falta de atenção a tarefas com métricas mais difíceis prejudica o desempenho. O trabalho de Steven Kerr, "On the Folly of Rewarding A While Hoping for B" (em tradução literal, a besteira de recompensar por A quando se espera B) capturou pela primeira vez a essência deste grande problema. Os economistas mais tarde denominaram e desenvolveram este tema como o *problema da multitarefa*.[7]

Qualquer que seja o nome dado, as implicações do problema são claras. Medir todas as dimensões do desempenho e associar recompensas a melhoras em cada uma delas não gera o comportamento desejado. A atenção é seletiva. Concentrar a atenção naquelas dimensões difíceis de medir e que frequentemente são as mais importantes para o desempenho requer atenuar os incentivos de outras dimensões de desempenho. Por exemplo, se a quantidade produzida pode ser facilmente controlada e medida enquanto a qualidade é difícil de mensurar e observar, os incentivos focados na quantidade comprometem a atenção na qualidade. Simplesmente não existe uma composição de incentivos que produza uma atenção equilibrada em todas as dimensões críticas. Para muitas empresas, o melhor a fazer é essencialmente não proporcionar nenhum incentivo – uma solução bem pobre.

Escolhas inconsistentes

Encontrar soluções de design abrangentes se torna ainda mais complicado pelo fato de que o design organizacional é um pacote de escolhas complementares. O design não é um exercício de pedido à *la carte*. Em vez disso, requer escolher dentre diferentes menus de elementos de design que se reforçam mutuamente e produzem os comportamentos e resultados desejados. Existe uma discrepância inerente ao design. Elaborar um design que produza um determinado comportamento eficientemente envolve a seleção de elementos inconsistentes com a obtenção de outro comportamento. A tentativa de configurar uma organização que promova todos os comportamentos necessários envolveria a seleção de elementos altamente inconsistentes.

Considere, por exemplo, a descentralização e a centralização como dois designs distintos, cada qual gerando uma trajetória distinta de comportamento. Como mostra o exemplo da HP que abriu este capítulo, a descentralização promove a tomada de decisão, a comunicação e o fluxo de conhecimento, o que estimula a exploração e a inovação, enquanto a descentralização diminui a redundância e facilita a coordenação, o que estimula a eficiência. Cada qual requer escolhas diferentes relativas a design, incentivos e mensurações. Estruturas descentralizadas distribuem os direitos de decisão e a medida de desempenho do topo para baixo e oferecem fortes incentivos. Estruturas centralizadas elevam os direitos de decisão e a medida de desempenho para os escalões mais altos na organização e geralmente proporcionam níveis mais baixos de incentivo.

Às vezes, é claro, as teorias corporativas estão fortemente alinhadas com um design organizacional consistente internamente. A teoria corporativa do Google, por exemplo, pede um design organizacional descentralizado. A teoria diz respeito a desenvolver tecnologias de ponta inovadoras. O Google acredita em lançar novas tecnologias no mercado para ver sua aceitação, preocupando-se depois apenas em como explorar essas tecnologias para obter lucro. A ênfase está em contratar funcionários considerados os melhores, mais inteligentes e criativos, e então proporcionar os recursos para que busquem novas oportunidades, frequentemente que esses talentos mesmo escolhem. Portanto, a organização do Google é descentralizada, concedendo uma autonomia considerável aos indivíduos e aos grupos para perseguir projetos. Os incentivos costumam replicar aqueles oferecidos em empresas pequenas (isto é, de alto nível) e a cultura busca replicar a mesma informalidade e amplitude. São poucos os esforços para integrar as atividades dessas unidades distintas.

Mas é raro que todo o conjunto de comportamentos e investimentos previstos por uma teoria corporativa esteja tão estreitamente alinhado com os resultados produzidos por uma das diferentes opções de design disponíveis para os gestores. Conforme vimos no exemplo da HP, muitas empresas precisam da estreita integração, coordenação e capacidade de alinhamento que a centralização proporciona e, ao mesmo tempo, da adaptação e inovação mais autônoma que a descentralização promove. Na verdade, embora a combinação possa variar, a criação sustentada de valor para todas as organizações exige ambas – a geração consistente de novos produtos e serviços inovadores e a melhoria contínua da eficiência de produção e distribuição. E, é claro, o problema de design é ainda mais complexo, visto que existe um considerável leque de dimensões de desempenho que não se alinham perfeitamente nem com a centralização nem com a descentralização.

A Lógica do Design Dinâmico

Como as empresas podem enfrentar este desafio de construir um design abrangente que dá atenção aos múltiplos objetivos, metas ou investimentos revelados pela teoria corporativa? A chave é ver o design como uma empreitada dinâmica em vez de uma engenharia estática.

A despeito de toda a retórica sobe a importância de compartilhar a visão geral da organização, o trabalho de uma pessoa em qualquer dado momento provavelmente está concentrado em um conjunto limitado de metas organizacionais. Existem boas razões para isso. Como observam Dan Levinthal e Sendil Ethiraj, focar a atenção em um conjunto de metas proporciona a clareza necessária para motivar a ação.[8] Uma única meta ou um conjunto limitado delas combinadas com um design organizacional apropriado motiva uma atenção focada. Este foco acelera o progresso, mesmo que este progresso não esteja em equilíbrio com todo o conjunto de dimensões de desempenho ou de comportamentos e investimentos que a teoria corporativa revela. É claro, os padrões de complementaridade entre as dimensões de desempenho e comportamentos desejados revelados por sua teoria garantem que uma atenção maior dada a um padrão aumente o retorno de focar em outro no futuro.

Em outras palavras, se sua empresa se tornou extremamente enxuta e eficiente na produção e distribuição de produtos, o caminho ideal para a criação de valor pode ser o desenvolvimento de novos produtos inovadores para tirar proveito do sistema. Se, por outro lado, a organização é tremendamente inovadora e criou uma linha de produtos inovadores, o caminho ideal para a geração de valor talvez seja agilizar a produção e a distribuição. O design dinâmico envolve escolher o caminho ideal para o momento sabendo que você mudará de caminho no futuro.

Neste sentido, um design organizacional ideal é um pouco como velejar contra o vento. Os esforços para configurar as velas e o leme de modo a permitir um curso reto não gera progresso (ou gera um progresso negativo). Entretanto, configurar o barco para navegar num ângulo de 40 graus em relação ao vento pode gerar uma velocidade tremenda numa direção útil. Embora cada correção de curso comprometa momentaneamente a força de propulsão, marinheiros competentes dominam essas reconfigurações de velas e leme para minimizar a perda de tempo. Com o ajuste periódico, o barco chega a seu destino bem mais rápido do que se mantivesse uma trajetória constante por um período de tempo extenso.

De maneira muito parecida, arquitetos organizacionais competentes configuram os elementos do design organizacional – estruturas, métricas e incentivos – num formato coerente que gera impulso ao longo de uma trajetória valiosa. Além disso, é exatamente o sucesso da trajetória presente, não o seu fracasso, que promove os benefícios de escolher outro formato e caminho. Os benefícios de mudar o design e o foco dinamicamente surgem em parte porque os benefícios do foco atual não se dissipam imediatamente com a mudança para outro foco. Portanto, a capacidade de inovação de uma organização impulsionada pela descentralização não desaparece imediatamente com uma mudança para a centralização e um foco em eficiência. Ela se dissipa meramente com a inércia. Assim, ao perseguir sua teoria corporativa em busca de gerar esse pacote complementar de atividades, investimentos ou comportamentos, escolher dinamicamente o padrão e o ritmo da mudança é fundamental. Essa capacidade de moldar dinamicamente a atenção, o foco e a estrutura é exatamente o que observamos em organizações eficientes. O truque é descobrir quando fazer o que, e não como fazer tudo de uma vez.

Veículos do Design Dinâmico

Ao gerenciar um design dinâmico, a primeira tarefa de um líder é determinar o caminho ideal para um dado momento – monitorar constantemente os resultados do formato presente e determinar em que ponto no tempo mudar para outro formato irá maximizar o desempenho da empresa. Uma vez tomada a decisão de mudar, existem varias maneiras para concretizá-la, independentemente do formato escolhido pelo líder. Para algumas empresas, o design dinâmico é mais bem alcançado através de mudanças estruturais periódicas. Para outras, um design dinâmico pode significar simplesmente um conjunto de iniciativas sequenciais. Vamos considerar brevemente cada uma delas.

Mudança estrutural

As organizações são massivamente inertes. Os padrões de comunicação, as rotinas de trabalho e os processos de tomada de decisão que fazem parte de uma organização resistem à mudança. Portanto, para mudar o foco e a atenção de uma organização é necessário mais do que um cutucão. É necessário um forte empurrão. Uma mudança estrutural significativa dá exatamente esse empurrão, conforme ilustra a saga da HP. Ao alternar entre centralização e descentralização ao longo de 25 anos, a HP mudou seu foco entre inovação e eficiência nesse período, gerando indiscutivelmente mais de cada um deles do que teria alcançado caso tivesse selecionado de início a melhor adequação e mantido essa estrutura durante todo o período. A história da HP não é única. O quadro a seguir "Design Dinâmico na Ford" detalha os esforços de globalização da companhia – uma história semelhante de oscilar entre duas estruturas distintas para alcançar tanto designs sob medida para mercados locais quanto eficiência de produção global.

Design Dinâmico na Ford

Duas dimensões amplas de desempenho são fundamentais para o sucesso global no setor automobilístico: (1) ofertas customizadas geograficamente, que atendam às preferências locais e (2) eficiência global (economias de escala) em design, compras e linha de montagem, frequentemente alcançada por modelos, peças e plataformas em comum. Essas duas dimensões se complementam para gerar desempenho. Designs customizados aumentam o volume, o que por sua vez proporciona a escala necessária para uma manufatura eficiente. A escala proporciona a eficiência necessária para precificar e vender competitivamente veículos adequados ao mercado local. Entretanto, embora o design local e a escala global sejam complementares para o desempenho, são substitutos em sua produção. Em outras palavras, os designs organizacionais que promovem a fabricação de modelos de automóveis customizados para o mercado local são inconsistentes com designs que geram uma produção global eficiente. Um design que busca alcançar simultaneamente customização local e escala global gera pouca atenção a ambas. Assim, a Ford considerou eficiente mudar sua estrutura ao longo dos anos para perseguir uma ou outra dimensão.

Durante muitas décadas, a Ford Motor Company foi descentralizada globalmente. Cada região desfrutava de uma autonomia considerável para projetar, fabricar e comprar conforme bem entendesse. O resultado foi a criação de carros bem fabricados feitos sob medida para as preferências locais, mas a um custo muito alto devido à redundância no design e à incompatibilidade global gerada pela descentralização em unidades regionais. Para solucionar isso, em 1994 a Ford centralizou as compras, a engenharia e a manufatura globais. Os custos caíram drasticamente conforme a Ford passou a tirar proveito de economias de escala, plataformas comuns de design e de compras globais. O lucro disparou. Entretanto, com essa centralização, os gestores regionais perderam muito de sua autonomia sobre o design de produtos. Com o passar do tempo, o resultado foi previsível – os carros atendiam mal às preferências e necessidades locais. Logo, as vendas nos mercados internacionais caíram: na Europa, a marca Ford caiu do segundo para o quarto lugar em participação de mercado; no Brasil, perdeu 4 pontos percentuais.[a] Como era de se esperar, em 2000 a Ford promoveu uma descentralização radical, concedendo aos gestores regionais uma autonomia ainda maior do que tinham antes de 1994.

Portanto, décadas de autonomia regional geraram designs altamente inovadores e responsivos localmente. Porém geraram também uma coordenação inter-regional fraca. Seis anos de centralização proporcionaram uma coordenação vital, porém designs que não atendiam às preferências locais. O importante aqui é que a eficiência da Ford estava indiscutivelmente melhor em 2000 por ter mudado seis anos antes. Agora possuía plataformas em comum, maior uniformização de peças e, talvez o mais importante, padrões de comunicação e rotinas de design reformulados comuns a todas as operações globais. Talvez a Ford devesse ter retornado antes à descentralização ou encontrado maneiras de construir plataformas que permitissem uma maior autonomia no design, mas parece difícil contestar que ao centralizar temporariamente, a Ford alcançou níveis de eficiência global que seriam inatingíveis caso tivesse permanecido sempre descentralizada.

a. Kthleen e Keith Naughton, "Remaking Ford," *Business Week*, 10 de outubro de 1999.

É claro, os padrões de mudança estrutural são mais complexos do que mudanças simples entre centralização e descentralização. As teorias corporativas revelam múltiplas dimensões ao longo das quais o design organizacional pode melhorar o desempenho. Nas empresas de consultoria e contabilidade, por exemplo, o sucesso requer a alavancagem dos relacionamentos existentes, o compartilhamento do conhecimento específico ao setor e a transferência de melhores práticas. Cada uma dessas atividades pede um design organizacional distinto. Uma estrutura geográfica facilita o acesso aos relacionamentos mantidos pelos sócios seniores. Uma estrutura setorial facilita a troca de conhecimento relativo a oportunidades e tendências no setor. Uma estrutura funcional e prática facilita o compartilhamento de melhores práticas pela área de consultoria. Não surpreende que esse tipo de empresa geralmente alterne entre as três. Cada estrutura impulsiona poderosamente uma dimensão crítica de desempenho. Portanto, para essas empresas, um alto desempenho sustentado exige uma mudança dinâmica e elas descobrem que adotar designs diferentes sequencialmente produz um desempenho geral maior do que se ater a apenas um design.

Iniciativa e sequenciamento de metas

Mudar a estrutura organizacional é uma das formas de redirecionar o foco e os esforços. Outros líderes constroem e implementam sequencias de iniciativas que dirigem a atenção para diferentes metas, problemas e dimensões de desempenho reveladas por uma teoria corporativa. Jack Welch da GE foi mestre em sequenciar iniciativas, cada qual uma maneira de dirigir a atenção para uma nova classe de problemas ou para focar a atenção em uma nova dimensão de desempenho.

As iniciativas cumulativamente promoveram mudanças importantes ao foco da GE durante os 20 anos de comando de Welch. Por um tempo, o foco esteve na redução de níveis hierárquicos (*delayering*), em demissões e em reunir o portfólio apropriado de negócios através de um programa de fusões e aquisições visando posicionar os negócios remanescentes como primeiro ou segundo lugar do setor. Depois, a GE ficou obcecada pelo *Work-Out*, um processo focado no engajamento dos funcionários, na tomada de decisão rápida e na solução de problemas internos e obstáculos ao desempenho. Então, a atenção mudou para fora da empresa e o foco foi em identificar melhores práticas externas e em trazê-las para dentro da organização. Em seguida, a GE voltou sua atenção para serviços, desafiando suas unidades de negócios a aumentar a participação de serviços em suas vendas totais de 60% para 80%. Por fim, Welch direcionou o foco da GE para as práticas Seis Sigma, com ênfase na melhoria da qualidade e na redução de custos.

Algumas empresas, com frequência aquelas particularmente hábeis em aquisições, são sequenciadores em série. Elas desenvolveram roteiros – padrões de iniciativas impostos ao longo do tempo em uma aquisição. A Danaher, por exemplo, uma empresa com uma média de retorno composto anual de 25% para o acionista desde sua criação em 1995, tem uma "caixa de ferramentas" de dezenas de iniciativas, processos e módulos de treinamento utilizados de acordo com a necessidade. As ferramentas e os módulos focam em vendas com valor agregado, segmentação de clientes, gestão do ciclo de vida de produtos, desenvolvimento de *lean software*, gestão de cadeia de suprimentos, práticas Seis Sigma, análise de métricas e literalmente dezenas de outros. O alvo dessas ferramentas são metas, comportamentos, áreas da empresa e dimensões de desempenho. Embora todas essas ferramentas possam ser utilizadas em algum momento da história de uma empresa, existe uma sequência inicial comum seguida tipicamente após uma aquisição. Portanto, a tarefa do líder no design dinâmico é identificar e selecionar a sequência apropriada de programas, iniciativas ou estruturas.

Independentemente do formato da mudança organizacional, grandes transformações geralmente vêm acompanhadas de uma mudança na liderança. Considere a 3M que focou durante décadas na inovação. Sua estrutura, cultura e políticas tinham como alvo produtos novos. Sua filosofia era: contratar grandes cientistas, oferecer grandes recursos e não atrapalhá-los. Os funcionários eram convidados a dedicar 15% de seu tempo para projetos inovadores que os interessassem pessoalmente. Mas no final da década de 1990, o preço da ação da 3M perdeu pulso. Havia uma percepção geral de que a empresa era ótima em explorar o terreno de novos produtos, mas não tão boa em extrair lucro do terreno que ocupava. Por vários anos, os custos cresceram duas vezes mais do que as vendas.

Em resposta, o conselho procurou um novo CEO com competência em execução, e contratou alguém de fora, o executivo da GE Jim McNerny. Nesta época, a GE estava em sua fase Seis Sigma e McNerny levou sua paixão por ela para a 3M. Nos quatro anos e meio seguintes, McNerny usou a abordagem Seis Sigma associada a cortes complementares de custos e iniciativas de abastecimento (*sourcing*) para direcionar o foco da 3M para tirar proveito (*exploitation*) das posições de produtos existentes diminuindo custos e o desperdício. No processo, a 3M se transformou do que muitos descreviam como um playground para cientistas em uma organização mais centralizada e disciplinada. O resultado foi um aumento acentuado na lucratividade e no valor da ação.

Mas o que naquela altura deveria ser um padrão familiar, quando McNerny foi para a Boeing em 2005, a nova ênfase em proveito e eficiência, embora tivesse tornado a 3M mais lucrativa, tirou muito da vida inovadora da companhia. O conselho voltou a escolher um CEO no quadro interno da companhia familiarizado com o sucesso da 3M em inovações. Alguns podem concluir que os anos sob o comando de McNerny representaram um distanciamento errado da alavancagem da capacidade inovadora histórica da 3M, mas essa interpretação ignora o fato de que a 3M ingressava nesta nova fase tendo resolvido problemas negligenciados por muito tempo e equipada com novas rotinas, novas competências e operações melhores. Entretanto, nesta época, o caminho para um desempenho aprimorado exigia uma ênfase alternativa e historicamente mais familiar. (Esta história pode ser instrutiva para duas outras empresas famosas por seu foco histórico em inovação, mas de maneiras muito diferentes; veja o quadro a seguir "Uma Mudança para Apple e Google?")

Uma Mudança para Apple e Google?

Seria o caso argumentar se a Apple agora se beneficiaria imensamente de uma dose saudável de descentralização para cultivar e nutrir novas ideias e projetos. Uma companhia tão extraordinariamente competente na execução de designs poderia se beneficiar da gama de ideias inovadoras que a descentralização propicia. Por outro lado, o Google poderia se beneficiar de uma dose consistente de centralização que integrasse suas tecnologias e aplicações discrepantes em experiências mais coerentes e amigáveis. Certamente, essas abordagens organizacionais revistas teriam uma vida útil funcional limitada. Descentralizar permanentemente a organização da Apple restringiria sua capacidade excepcional de desenvolver experiências do usuário integradas e eficientes. Um Google permanentemente centralizado perderia sua capacidade ampla de inovação.

As mudanças de liderança celebradas na 3M refletem um padrão comum. Um aluno de doutorado da Universidade de Washington, James Yen, agora professor da escola de administração da Universidade de Pequim, conduziu um estudo fascinante sobre as sucessões de CEOs em todas as empresas negociadas na bolsa de 1992 a 2011. Ele dividiu os CEOs em dois grupos com base em seu histórico profissional e experiência. Yen chamou um dos grupos de *CEOs output*, que incluía aqueles com experiência em planejamento estratégico e consultoria, empreendedorismo, vendas e P&D. O outro grupo ele chamou de *CEOs throughput*, formado por aqueles com experiência em manufatura, finanças, engenharia de processos e legislação.

Yen constatou que as empresas alternavam entre os dois tipos de CEO ao longo do tempo. Ele concluiu especificamente que a probabilidade de uma empresa mudar para outro tipo de CEO segue um padrão previsível. Quanto mais tempo uma empresa manteve um CEO de um tipo, maior a chance de o próximo CEO ser do outro tipo. Embora esta classificação simples de CEOs em *output* e *throughput* oculte uma diversidade de nuances e complexidades, os resultados respaldam o princípio do design dinâmico. As empresas geram um alto desempenho à medida que perseguem metas, comportamentos e investimentos complementares que suas teorias revelam. Entretanto, organizar-se para perseguir tudo isso de uma vez é impraticável. Iniciativas *output* e *throughput* são claramente complementos para o desempenho. De certa forma, ironicamente, talvez seja o sucesso de suas iniciativas, e não o fracasso, que custe aos CEOs seu posto: seu sucesso em fazer aquilo que sabem bem desencadeia o retorno a fazer algo diferente.

Observamos este princípio em ação não só na seleção de CEOs. Pelo contrário, ele possui aplicações em todos os níveis da organização. A tarefa ao desenhar organizações é construir dinamicamente o valor que uma teoria revela. Teorias revelam pacotes de metas, comportamentos e investimentos vitais para a criação de valor. Para sequenciar o foco da organização ao longo do tempo, a mudança na liderança pode se mostrar uma alavanca valiosa.

LIÇÕES APRENDIDAS

Podemos extrair várias lições importantes deste capítulo:

- **Não existe um design que gere todos os comportamentos desejados.** As empresas devem monitorar constantemente sua posição atual em relação a sua teoria corporativa e o leque de comportamentos, metas e investimentos que ela revela. A necessidade de mudança não é frequente e idealmente um sintoma de fracasso, mas um sintoma de sucesso. É o sucesso do antigo design que convida o novo – que aumenta os benefícios de uma nova abordagem que convida um novo conjunto de investimentos complementares ou que acelera um novo conjunto de comportamentos complementares.

Isso logicamente leva à segunda lição:

- **O design organizacional é um problema de otimização dinâmica.** A questão do design não é algo tão simples quanto *Qual é o melhor design organizacional para minha teoria corporativa?* Em vez disso, a questão é *Qual é o design organizacional apropriado agora?* Designs diferentes solucionam problemas diferentes; estimulam comportamentos e investimentos diferentes. A tarefa do líder é identificar o problema que mais necessita ser resolvido hoje e desenhar a solução, reconhecendo que o problema de amanhã e o design da solução serão diferentes do de hoje.

O que leva para a terceira lição:

- **Timing é tudo.** O timing é a ferramenta mais importante de um processo de arquitetura organizacional. Assim como o marinheiro tentando navegar contra o vento, seu desafio é não só reunir as iniciativas de mudança necessárias que irão produzir a verdadeira velocidade na direção que você escolheu, mas implementá-las no momento certo. Um *timing* falho arruína o que, caso contrário, seria um excelente design.

CAPÍTULO 7

Liderando a Teoria Corporativa

Neste livro, exploramos os caminhos e as tarefas essenciais inerentes a um crescimento corporativo sustentável e à concomitante criação de valor. Neste capítulo final, abordo o papel do indivíduo como líder estratégico e criador de valor. E deixe-me ser claro: o que escrevo não se destina apenas aos gestores mais seniores de grandes empresas.

Indiscutivelmente, a necessidade e o retorno de um pensamento estratégico sólido e de uma liderança estratégia forte pode ser maior para aqueles à frente de pequenas empresas novas do que para os CEOs de grandes corporações. A genialidade estratégica da maioria dos grandes líderes – pessoas como Walt Disney, Steve Jobs e Sam Walton – não aflorou quando já eram "czares" de impérios corporativos. Pelo contrário, surgiu enquanto conduziam negócios incipientes. Neste estágio inicial, eles compuseram teorias corporativas que lhes permitiram transformar essas pequenas empreitadas em impérios.

Além disso, a liderança estratégica não é importante meramente para aqueles no topo das corporações. Organizações que sustentam a criação de valor são tanto dirigidas por líderes estratégicos *como* estão repletas de líderes estratégicos espalhados por muitas áreas e níveis da empresa. A capacidade de sustentar a criação de valor é, portanto, mais do que uma teoria fundamental poderosa formulada por um CEO talvez já falecido há muito tempo (embora deva reconhecer que isso realmente ajude). Essas organizações são bem-sucedidas porque estão repletas de líderes estratégicos competentes em:

- Assimilar e testar a teoria corporativa geral

e

- Desenvolver e perseguir suas próprias teorias de valor locais, às vezes derivadas da teoria corporativa geral, mas com frequência totalmente nova.

Essa novidade, como já discuti, é essencial para a criação de valor. Independentemente da posição ou da área na organização, grandes líderes estratégicos conseguem enxergar e descobrir caminhos para a criação de valor que outros não conseguem. Se sua visão só alcança o que os outros conseguem ver, você é redundante como criador de valor, facilmente substituível. Seu campo de visão não oferece um valor único.

Nem todos pensam na liderança em termos de criação de valor. Existe um imenso acervo de literatura sobre liderança que foca em como motivar poderosamente e liderar equipes. Entretanto, liderar e motivar pessoas é apenas um elemento do caminho crítico para criação de valor. Se liderança é liderar e motivar, então a liderança estratégica requer a competência adicional de decidir *onde* liderar. Um estudo recente afirma que a capacidade de pensar e liderar estrategicamente é dez vezes mais importante para a percepção de uma liderança eficiente pelos pares, subordinados e a alta administração do que outros comportamentos de liderança estudados.[1] Entretanto, a ideia de pensamento estratégico como processo de definir onde liderar tem sido relativamente ignorada – e merece uma atenção consideravelmente maior.

Os líderes estratégicos consistentemente identificam, avaliam, exploram e eventualmente avançam em novos caminhos para a criação de valor em qualquer canto da organização onde têm influência. Nesse sentido, os líderes estratégicos são como os vikings, explorando e conquistando novas terras. Como exploradores, eles assumem múltiplos papéis. São cartógrafos, desenvolvendo representações de territórios ainda não mapeados; são navegadores, identificando caminhos de exploração promissores; são armadores, refinando constantemente suas embarcações para aumentar a velocidade de navegação e são marinheiros competentes, chegando rapidamente a seu destino através de correções de curso bem sequenciadas. Entretanto, para irmos além das analogias, podemos definir líderes estratégicos como desempenhando os três papéis fundamentais a seguir:

- Compor teorias poderosas que revelem caminhos para a criação de valor.

- Comunicar e vender suas teorias para elementos-chave e detentores de recursos.

- Sequenciar dinamicamente a atenção e o foco daqueles que lideram para explorar e criar o valor que almejam.

Um líder que desempenhar todos esses papéis terá sucesso em motivar e conduzir os outros a atuarem como líderes estratégicos também, em grandes organizações. Mobilizar talentos dessa forma permite ao líder moldar repetidas vantagens competitivas.

Compondo Teorias

No mundo do empreendedorismo e da liderança, muito é escrito sobre a necessidade de ação – pelo teste rápido de ideias e produtos num estágio bastante inicial. Na verdade, a mensagem fundamental do conceito Lean Startup – uma tendência que capturou a imaginação de muitos gestores recentemente – é uma mensagem de ação ágil e mudança rápida. Descreve uma abordagem para a inovação construída em torno de um "método científico" em que a experimentação repetida muda continuamente a trajetória da empresa.[2]

Aparentemente esquecida nesta versão do método científico está a realidade de que a ciência inovadora diz muito mais respeito ao poder teórico, guiando quais experimentos serão conduzidos, do que a rapidez de execução dos laboratórios. A mensagem de sair e "executar" tem um grande apelo, considerando que, na grande maioria, nos vemos primeiro como "executores" do que como pensadores. Mas para estimular significativamente a criação de valor, um pensamento adicional é muito mais necessário do que uma execução adicional.

Então sobre o que os grandes pensadores estratégicos pensam? Eles constroem teorias de valor que revelam problemas, que, se resolvidos eficientemente, irão gerar um valor enorme. Esses problemas podem ser de diversos tipos: problemas com cliente (talvez uma necessidade não atendida), problemas de produção (talvez um gargalo na fabricação) ou problemas de marketing (talvez uma mensagem mal direcionada). O filósofo Karl Popper observou notavelmente "A vida é uma eterna solução de problemas".[3] Talvez eu parafraseasse como: A vida é uma eterna *busca e solução* de problemas. Isso certamente é verdadeiro nos negócios.

Líderes estratégicos são acima de tudo exímios em buscar problemas. Eles compõem teorias de criação de valor que identificam problemas novos e "valiosos" para solucionar.[4] Segundo consta, Albert Einstein teria dito: "Se me dessem uma hora para salvar o planeta, eu gastaria cinquenta e nove minutos definindo o problema e um minuto resolvendo".[5] Um excelente pensamento estratégico – um pensamento que encontra e estrutura claramente um problema valioso aumenta dramaticamente o retorno com a solução do problema e assegura uma execução muito mais eficiente.

A primeira tarefa dos líderes estratégicos, portanto, é compor uma teoria que revele problemas que se resolvidos criarão valor em seu domínio de influência e controle. Quanto maior o problema revelado, maior é a oportunidade para criação de valor. A melhor dessas teorias revela problemas totalmente desconhecidos para os outros, talvez desconhecido inclusive para aqueles que os "possuem". O sucesso de Howard Schultz e do Starbucks é uma parábola familiar aos livros de negócios. Mas para mim o interessante sobre Howard Schultz é que ele revelou e impulsionou uma teoria de criação valor poderosa muito antes de se tornar um empreendedor relutante.

Quando esteve em Milão para uma feira de negócios, Schultz foi a cafeterias italianas. A experiência o levou a reconhecer um problema valioso: os consumidores americanos não tinham acesso a um café de qualidade nem a um ambiente físico e social atraente onde pudessem consumi-lo. Embora Schultz não fosse o primeiro visitante americano a apreciar cafeterias italianas, foi talvez o primeiro a compor a teoria segundo a qual uma certa adaptação desse modelo italiano poderia resolver um problema que os cidadãos americanos não sabiam que tinham. Quando seus empregadores, os fundadores do Starbucks, deixaram claro que não estavam interessados em sua teoria e nos "problemas" importantes que elas revelavam, Schultz tentou a sorte sozinho – só para voltar e comprar o Starbucks de seus antigos donos.

Embora a companhia tenha adquirido conhecimento naturalmente à medida que perseguia experimentos, já possuía uma teoria geral de criação de valor desde o princípio. Essa teoria informava todos os experimentos, revelando uma sequência de problemas subsequentes a serem solucionados em compras (*sourcing*) de produtos, design e formato das lojas, mix de merchandising, propriedade das lojas (franchising ou loja própria), incentivos e controle, engajamento do consumidor e integração vertical.

Em geral, quanto mais complexo, novo e valioso é o problema inicial identificado, mais valioso é ter um mapa ou uma teoria para guiar sua exploração. Problemas simples não requerem um mapa – visto que os caminhos para a solução são bastante evidentes e o sucesso diz respeito a vencer a corrida até o topo. Entretanto, num terreno complexo, aqueles que contam com uma teoria de criação de valor como guia enxergam o que os outros não veem, incluindo caminhos para soluções completas e valiosas. Foi a teoria única de Steve Jobs sobre o que os consumidores valorizariam que revelou problemas totalmente novos e caminhos antes desconhecidos para as soluções criadas. O resultado foi uma trajetória totalmente nova de experimentos. A diferença entre sucessos e fracassos estratégicos diz muito mais respeito da qualidade da teoria por trás dos experimentos de uma companhia do que o ritmo e o número de experimentos. Uma criação sustentada de valor, consequentemente, requer teorias melhores – não mudanças em ritmo acelerado.

Vendendo a Teoria

Infelizmente, a novidade inerente ao pensamento estratégico valioso significa que os líderes precisam convencer os outros a perseguirem os caminhos para a criação de valor que eles identificaram. Assim como os gestores seniores enfrentam o desafio de vender suas teorias corporativas aos investidores – exatamente essas teorias que guardam a promessa de entregar o maior valor – os líderes estratégicos enfrentam um desafio semelhante. O pensamento estratégico mais valioso tanto pessoal (avançar na carreira) quanto organizacional (promover a criação de valor) é uma novidade, e as novidades quase sempre enfrentam resistência. Ben Horowitz, cofundador da empresa de investimentos de risco Andreesen Horowitz, observa que aqueles que constroem grandes companhias sempre são "ridicularizados ao longo do caminho", mas argumenta, "se você se guia por sinais sociais, não deveria ser um empreendedor".[6] É um conselho valioso para todos os líderes estratégicos, não apenas para os empreendedores. Qualquer que seja o resultado de sua iniciativa, o líder estratégico deve estar plenamente convencido de sua teoria antes de tentar convencer os outros.

E a dificuldade de vender uma teoria ou de convencer os outros da validade de seu pensamento estratégico aumenta exponencialmente quanto maior a novidade. Embora Howard Schultz seja um empreendedor bem-sucedido, fracassou como líder estratégico na iniciativa de convencer seus superiores do valor de sua ideia. É uma história conhecida, e frequentemente o fracasso em convencer um empregador precipita o empreendedorismo. Embora este não seja necessariamente um resultado ruim para o empreendedor, representa uma oportunidade perdida para a companhia – mais ainda se considerarmos que a teoria original por trás do empreendedorismo forçado muito provavelmente envolvia explorar ativos e capacidades que a empresa já possuía. Portanto, um líder estratégico capaz de convencer seu empregador tem indiscutivelmente mais chance de ser bem-sucedido em tornar uma teoria realidade do que um líder estratégico forçado a começar basicamente do zero. E não basta convencer apenas os chefes. Todos com quem o líder precisa trabalhar – dentro e fora da empresa – precisam comprar a ideia.

Portanto, depois de compor uma teoria para a criação de valor, uma tarefa importante é criar uma linguagem atraente que permita aos outros enxergarem o que você vê – clareza de expressão e uma lógica consistente são críticos para engajar os outros. Pesquisas no campo da psicologia também ressaltam este aspecto. Por exemplo, nos casos em que grupos minoritários conseguem convencer uma maioria até então indiferente, posições articuladas de forma confiante e consistente, apresentadas com a percepção de que não carregam nenhum viés, frequentemente são mais bem-sucedidas do que iniciativas de convencer através de outras maneiras e meios.[7] Portanto, embora muito tenha sido escrito sobre a importância do ganho de poder e da politicagem habilidosa como veículos para impor sua vontade e visão a uma organização, mais importante é uma concepção válida e consistente de um caminho para o valor que você consegue articular convincentemente. Steve Jobs não era político, conforme suas biografias comprovam, mas era extremamente habilidoso com linguagem – uma linguagem que usou para articular poderosamente suas teorias de criação de valor. Uma metáfora vívida pode transmitir poderosamente uma ideia ou perspectiva única, ou uma teoria. Ao liderar a equipe que produziu a primeira manifestação completa de produto de sua teoria, o Macintosh, Jobs algumas vezes caracterizou o objeto do design como um Porshe, em outras como uma máquina com um visual "amigável". Essa linguagem pintou uma imagem valiosa e proporcionou princípios gerais para guiar o padrão de experimentos que em última análise resultariam num produto extraordinário.

A tarefa do líder estratégico é convencer os outros a seguir o novo caminho que traçou para a criação de valor. Decretos são ineficientes. Conforme Larry Bossidy, ex-CEO da Allies Signal, colocou: "O tempo em que você berrava e gritava com as pessoas para obter um bom desempenho acabou. Hoje você precisa convencê-las ajudando-as a enxergar como chegar lá, criando credibilidade e oferecendo alguma razão para irem até lá. Faça tudo isso e elas não medirão esforços".[8] Se, conforme discutimos no livro, a teoria corporativa deve guiar um leque diverso de decisões, envolvendo a composição, investimentos e a estrutura da corporação, é crítico que o líder estratégico seja capaz de fazer os outros enxergarem o que ele vê e de convencê-los do mérito dessa visão.

Navegando na Dinâmica Organizacional

Como este livro mostrou, teorias de criação de valor poderosas revelam uma diversidade de problemas para solucionar, ações a perseguir e experimentos a empreender. Paralelamente, sérias limitações cognitivas, comportamentais e organizacionais restringem a capacidade de uma empresa em seguir todos os caminhos para a criação de valor ao mesmo tempo. Líderes estratégicos reconhecem que concentrar a atenção em métricas de desempenho e problemas específicos é muito mais eficaz para criar valor do que voltar a atenção para o amplo leque deles de uma vez. Liderança estratégica significa priorizar. Diz respeito a selecionar o caminho ideal em um dado momento para a criação de valor.

Portanto, o líder estratégico deve ser competente em navegar na dinâmica do foco e da atenção organizacional. Isso envolve ter não só um senso claro de oportunidade, o *timing* – o senso de quem convencer a fazer o quê, quando e onde. Líderes estratégicos direcionam o foco da companhia, usando alavancas organizacionais e plataformas de comunicação para conduzir os esforços exploratórios, criadores de valor, dos outros. Lembre-se das duas décadas de Jack Welch no comando da GE. Sua liderança bem-sucedida foi produto de ambas – sua visão estratégica e sua extraordinária habilidade de mudar constantemente o foco e a atenção da organização para explorar novos caminhos para a criação de valor, pressionando os gestores da GE a constantemente lidar com novos conjuntos de problemas. Por um tempo, o foco esteve no posicionamento competitivo e no crescimento das unidades de negócios, depois mudou para o empoderamento dos funcionários para solucionarem problemas mais locais, em seguida para um alcance global, depois para a expansão da oferta de serviços e mais tarde para um foco em qualidade e melhoria de processo. Intercaladas a essas ações houve diversas outras iniciativas. Ao mudar o foco, Welch mudou o domínio dos esforços de busca e de solução de problemas da empresa. O resultado foi um caminho notável de criação de valor. Seguindo um caminho semelhante, o sucesso brilhante de Michael Eisner durante sua primeira década na Disney resultou de sua capacidade de impulsionar constantemente a organização para descobrir sucessivamente investimentos novos criadores de valores consistentes com a teoria da Disney.

Uma das ferramentas mais poderosas para moldar o foco e a atenção de uma companhia é o design organizacional. Designs diferentes tendem a estimular abordagens diferentes para a busca e a solução de problemas. Por exemplo, conforme discutido no Capítulo 6, designs mais centralizados podem focar a atenção em problemas que promovem a eficiência e a coordenação, enquanto designs mais descentralizados podem impulsionar a inovação. Mas o design organizacional é uma arte difícil, exigindo um gerenciamento competente de barganhas e paradoxos. Não existe um desenho único capaz de estimular todos os comportamentos geradores de valor. Além disso, uma vez que uma companhia adota uma estrutura que destaca um conjunto de problemas, frequentemente ela descobre com o passar do tempo que os benefícios de mudar a estrutura e o foco se tornam crescentemente grandes. Cabe ao líder estratégico descobrir o momento e o escopo apropriado da mudança organizacional.

Muitos CEOs são mágicos de um truque só, capazes de apertar um único botão de sucesso. Quando essa trajetória se esgota, ou quando o caminho ideal para a criação de valor muda, eles são incapazes de proporcionar o novo foco ou a nova direção necessária. Seu mandato é geralmente curto. CEOs com sobrevida longa possuem uma visão ampla e a capacidade de navegar dinamicamente rumo a ela, reconhecendo a limitação de qualquer um dos caminhos em realizar todo o valor que sua teoria almeja. Líderes estratégicos por toda a organização não são diferentes. Eles reconhecem sua incapacidade de perseguir ao mesmo tempo o amplo leque de dimensões necessárias para a criação de valor. Em vez disso, eles lideram escolhendo a trajetória ideal para hoje.

Este livro começou com uma descrição da dificuldade que as organizações enfrentam em sustentar a criação de valor. A necessidade de criar valor continuamente e ao mesmo tempo superar as expectativas dos investidores estabelece um nível de exigência muito alto. Independentemente de seu papel, seja de CEO ou de aspirante a gestor, seus esforços sozinhos inevitavelmente se mostrarão insuficientes.

Fundamentalmente, portanto, o desafio da liderança estratégica é dobrado: você precisa ter uma grande ideia e então precisa ser capaz de inspirar e motivar os outros a pensar estrategicamente sobre como realizar esta grande ideia. Quanto mais complexa e única for a ideia, mais valiosa será, mas também será preciso mais do que apenas seu próprio brilhante pensamento estratégico ou habilidade de buscar e solucionar problemas. Para perseguir uma grande ideia, será preciso engajar outros na busca e solução de problemas junto com você. Você precisa de outros engajados no pensamento estratégico e em convencer habilidosamente ainda outros a se engajarem. Tenha sucesso nisso – graças a uma teoria consistente, bem articulada e apoiada pelas decisões de sua organização – e você criará uma poderosa dinâmica virtuosa, conforme aumentam a confiança e a clareza de expressão das pessoas, cresce a habilidade delas em convencer os outros.

O grande maestro alemão Herbert von Karajan era um bom cavaleiro e gostava de comparar sua profissão ao hipismo. "Reger uma orquestra, afirmou certa vez, é como levar um cavalo por sobre um obstáculo: você não pode saltar por ele. Você precisa conduzi-lo na direção certa". Em outras palavras, o desafio é fazer o cavalo saltar o obstáculo ou a orquestra a tocar a música *da maneira esperada*. Para isso, você deve ter uma visão pessoal sobre qual é basicamente a maneira esperada – o que precisa ser feito para que uma peça musical soe "corretamente". Você precisa ser capaz de explicar sua visão para os músicos e conduzir os ensaios de forma a estimular a orquestra a produzir os sons que você deseja.

Como um líder estratégico que busca levar sua organização muito além da vantagem competitiva – avançar numa trajetória de criação sustentada de valor, sua tarefa é ser um compositor e um maestro competente, enxergando valor onde os outros não conseguem e então orquestrando constantemente a composição de atividades e ativos ao longo do tempo, com o compasso e a dinâmica apropriados. Alcance o sucesso nisso e o aplauso dos investidores será retumbante.

Notas

Introdução

1. Charles S. Pierce. "The Logic of Abduction", *Pierce's Essays in the Philosophy of Science* ed. Vincent Tomas (Nova York: Liberal Arts Press, 1957), 195-205.
2. Michael Porter. "What Is Strategy?". *Harvard Business Review,* novembro-dezembro 1996.
3. Dan Lovallo e Lenny T. Mendonca. "Strategy's Strategist: An Interview with Richard Rumelt". *McKinsey Quarterly,* agosto 2007.
4. Ibid.
5. Thomas J. Peters e Robert H. Waterman, Jr. *In Search of Excellence: Lessons from America's Best-Run Companies* (Nova York: Harper & Row, 1982).
6. John A. Byrne. "Oops! Who's Excellent Now?" *BusinessWeek,* 5 de novembro de 1984.
7. James C. Collins e Jerry I. Porras. *Built to Last: Successful Habits of Visionary Companies* (Nova York: HarperBusiness, 1994).
8. James C. Collins. *Good to Great: Why Some Companies Make the Leap–and Others Don't* (Nova York: HarperBusiness, 2001).
9. Bing Cao, Bin Jiang, e Tim Roller. "Sustaining Top-Line Growth". *McKinsey Quarterly,* maio de 2011.

Capítulo 1

1. Este capítulo se beneficiou muito da colaboração de Teppo Felin, especialmente com Teppo Felin e Todd R. Zenger, "Entrepreneurs as Theorists: On the Origins of Collective Beliefs and Novel Strategies," *Strategic Entrepreneur-*

ship Journal 3, nº 2 (2009): 127-146; e com Teppo Felin e Todd R. Zenger, "Strategy, Problems, and a Theory for the Firm," *Organization Science 27,* nº 1 (2016): 222-231.
2. Em James Burke, Documentário da PBS *Connections,* 1979.
3. Em Josh Ong, "Steve Jobs' 'Lost Interview:' Design is keeping 5,000 things in your brain," appleinsider, 15 de novembro de 2011.
4. Em "The Theory of the Business" *(Harvard Business Review,* setembro-outubro 1994), Peter Drucker também sugere que as empresas possuem uma "teoria do negócio", às vezes correta e às vezes incorreta, que guia suas decisões.

Nas duas últimas décadas, os psicólogos desenvolveram uma teoria nova e cada vez mais influente sobre como aprendemos. A abordagem, estranhamente intitulada *teoria teoria,* sugere que, desde a infância, aprendemos compondo e agindo de acordo com teorias do mundo ao nosso redor. Por exemplo, os bebês adquirem a linguagem compondo uma teoria de linguagem e gramática, a qual então usam de uma forma previsível para criar sentenças que geralmente têm pouca semelhança com qualquer outra que já ouviram (Noam Chomsky, *The Logical Structure of Linguistic Theory* [Nova York: Plenum, 1975]). Portanto, aprendemos a navegar em nosso mundo complexo agindo de forma muito semelhante aos cientistas – compondo teorias cognitivamente, formulando hipóteses e conduzindo experimentos. Nossas teorias servem para guiar ações, proporcionar visões únicas e funcionar como filtros através dos quais interpretamos nossas observações e atualizamos nossas ações. Por extensão lógica, aqueles indivíduos que alcançam altos níveis de desenvolvimento cognitivo são altamente competentes em elaborar teorias eficientes, criar hipóteses, processar feedbacks e então em atualizar apropriadamente essas teorias.
5. A lógica em torno da "intravisão" provém de uma perspectiva baseada em recurso na literatura sobre estratégia (veja Jay Barney, "Firm Resources and Competitive Advantage", *Journal of Management* 17, no. 1 [1991]: 99-120; Richard P. Rumelt, "Towards a Strategic Theory of the Firm," in *Competitive Strategic Management,* ed. Robert B. Lamb [Englewood Cliffs, NJ: Prentice-Hall, 1984] 556-570).
6. Registrado em John Steele Gordon, *The Business of America* (Nova York: Walker & Company, 2001). Em sua versão sobre o automóvel, Henry Ford comentou: "Não inventei nada novo. Eu simplesmente reuni num a carro as descobertas de outros homens fundamentadas em séculos de trabalho".
7. Existe um consenso surgido na literatura sobre estratégia que é consistente com a afirmação de Rumelt de que "a posição competitiva de uma empresa é definida por um conjunto de recursos e relacionamentos únicos" (Richard P Rumelt, "Towards a Strategic Theory of the Firm", in *Competitive Strategic Management,* ed. Robert B. Lamb [Englewood Cliffs, NJ: Prentice-Hall, 1984], 556-570). Acredita-se que as empresas adquirem posições de vantagem reunindo ou "organizando" conjuntos de recursos, atividades ou ativos únicos e complementares que juntos formam as capacidades únicas da empresa. Essas

posições de vantagem surgem de relacionamentos entre recursos (ou atividades e ativos) que são superaditivos ou complementares, de tal forma que a combinação de recursos em um conjunto cria mais valor do que a soma dos valores dos recursos se mantidos separados (por exemplo, veja Raphael Amit e Paul J. H. Shoemaker, "Specialized Assets and Organizational Rent", *Strategic Management Journal* 14 (1993): 33-47; e Cynthia Montgomery e Birger Wernerfelt, "Diversification, Ricardian Rents and Tobin's q," *Rand Journal of Economics* 19 (1988): 623-633). Outros estudiosos usam termos como "interconexão de estoques de ativos" (Ingemar Dierickx and Karel Cool, "Asset Stock Accumulation and Sustainability of Competitive Advantage," *Management Science* 35, no. 12 (1989): 1504-1513) e " conjuntos integrados de opções de atividades" (Pankaj Ghemawat, *Strategy and the Business Landscape,* 2nd edition [Englewood Cliffs, NJ: Prentice Hall, 2005]) para descrever as origens dessas capacidades e o retorno resultante.

8. Walter Isaacson, *Steve Jobs* (Nova York: Simon & Shuster, 2011), 85.
9. Ibid, 561.
10. A Xerox, é claro, tentou ela própria comercializar essa tecnologia. Lançou seu computador três anos antes do Macintosh, ao preço de 16 mil dólares, visando ao mercado de processamento de texto. Um produto desajeitado e malsucedido.
11. "A Brief History: Origins", AT&T, http://www.corp.att.com/history/historyl.html, acessado em 27 de janeiro de 2016.
12. Michael A. Noll, "The Bell Breakup @ 15 Years," *tele.com* 4, nº 13 (21 de junho de 1999), http://www.lexisnexis.com.libproxy.wustl.edu/us/ lnacademic/auth/checkbrowser.do?rand=0.39216079013306393&cookieState=0&ipcounter=l&bhcp=l.
13. A Lei das Telecomunicações permitiu que a AT&T oferecesse serviços locais novamente.
14. Michael G. Rukstad, Tyrrell Levine e Carl Johnston, "Breakup of AT&T: Project 'Grand Slam'" estudo de caso 701127 (Boston: Harvard Business School, 2001), 5.
15. Ibid, 11.
16. Ibid.
17. Kurt Lewin, *Field Theory in Social Science: Selected Theoretical Papers by Kurt Lewin* (Londres: Tavistock, 1952), 169.

Capítulo 2

1. Gary S. Becker. *The Economic Approach to Human Behavior* (Chicago: University of Chicago Press, 1976).
2. Para uma discussão dos resultados empíricos sobre o retorno das aquisições veja Jens Kengelbach e Alexander Roos, *Riding the Next Wave in M&A: Where are the Opportunities to Create Value*? BCG Report (2011); Michael Bradley, Anand Desai e E. Han Kim, "Synergistic Gains from Corporate Ac-

quisitions and Their Division Between the Stockholders of Target and Acquiring Firms," *Journal of Financial Economics* 21, no. 1 (1988): 3-40; Todd Hazelkorn, Marc Zenner e Anil Shivdasani, "Creating Value with Mergers and Acquisitions", *Journal of Applied Corporate Finance* 16, n° 2-3 (2004): 81-90.
3. A maldição do vencedor às vezes é referida como *vitória pírrica*. Em 280 a.C, o rei Pirro de Épiro derrotou os romanos na Batalha de Heracleia e na Batalha de Áusculo em 279 a.C., mas no processo sofreu tremendas baixas. Essas vitórias levaram o rei a comentar: "Outra vitória dessas e volto a Épiro sozinho".
4. Michael Bradley, Anand Desai e E. Han Kim, "Synergistic Gains from Corporate Acquisitions and Their Division Between the Stockholders of Target and Acquiring Firms", *Journal of Financial Economics* 21, n° 1 (1988): 3-40.
5. Veja Mark L. Sirower e Sumit Sahni, "Avoiding the 'Synergy Trap': Practical Guidance on M&A Decisions for CEOs and Boards", *Journal of Applied Corporate Finance* 18, n° 3 (Summer 2006): 83-95.
6. Todd Hazelkorn, Marc Zenner e Anil Shivdasani, "Creating Value with Mergers and Acquisitions", *Journal of Applied Corporate Finance* 16, n° 2-3 (2004): 81-90.
7. Sirower e Sahni, "Avoiding the 'Synergy Trap'".
8. Hazelkorn, Zenner e Shivdasani, "Creating Value with Mergers and Acquisitions".
9. Lubomir P. Litov e Todd Zenger, "Do Investors Value Uniqueness in Markets for Strategy? Evidence from Mergers and Acquisitions". Ensaio realizado na Universidade de Utah (2014).

Capítulo 3

1. As ideias expressadas neste capítulo se beneficiaram da colaboração de Lubomir Litov, Mary Benner e Patrick Moreton. Veja Lubomir Litov, Patrick Moreton e Todd Zenger, "Corporate Strategy, Analyst Coverage, and the Uniqueness Discount", *Management Science* 58, n° 10 (2012): 1797-1815; Mary Benner e Todd Zenger, "The Lemons Problem in Markets for Strategy", *Strategy Science,* a ser disponibilizado.
2. David Lieberman e Matt Krantz, "Is Kraft's 19B takeover of Cadbury a Sweet Deal? Warren Buffet has Doubts", *USA Today,* 20 de janeiro de 2010.
3. Veja "Kraft Split to Unlock Value but Stock Stuck for Now", *Forbes,* 9 de dezembro de 2011.
4. Veja Friedrich A. Hayek, "The Use of Knowledge in Society", *American Economic Review* 35 (1945): 519-530.
5. Bestseller de James Surowiecki's *The Wisdom of Crowds* (Nova York: Doubleday, 2004) apresenta uma argumentação instigante sobre a superioridade do coletivo em guiar comportamentos.

6. Michael C. Jensen e William Meckling, "Theory of the Firm: Managerial Behavior, Agency Costs and Ownership Structure", *Journal of Financial Economics* 3, nº 4 (1976): 305-360.
7. Akerlof compartilhou seu prêmio com Michael Spence e Joseph Stiglitz, que também contribuíram substancialmente para o desenvolvimento da economia da informação.
8. George Akerlof, "The Market for Lemons: Quality Uncertainty and the Market Mechanism", *Quarterly Journal of Economics* 84 (1970): 488-500.
9. Brett Trueman, M. H. Franco Wong e Xiao-Jun Zhang, "The Eyeballs Have It: Searching for the Value in Internet Stocks", in "Studies on Accounting Information and the Economics of the Firm", suplemento, *Journal of Accounting Research* 38 (2000): 137-162.
10. Jeffrey Chaffkin, PaineWebber Research Note on Monsanto Corporation, 2 de novembro de 1999.
11. Harrison Hong, Terence Lim e Jeremy C. Stein, J. "Bad News Travels Slowly: Size, Analyst Coverage, and the Profitability of Momentum Strategies," *Journal of Finance* 55, nº 1 (2000): 265-295; Pieter T. Elgers, May H. Lo e Ray J. Pfeiffer, "Delayed Security Price Adjustments to Financial Analysts' Forecasts of Annual Earnings", *Accounting Review* 76, nº 4 (2001): 613-623.
12. Richard M. Frankel, S. P. Kothari e Joseph Weber. "Determinants of the Informativeness of Analyst Research", MIT Sloan Working Paper nº 4243-02, (2003), http://dx.doi.org/10.2139/ssrn.304483; Thomas Lys e Sunkyu Sohn, "The Association Between Revisions of Financial Analysts' Earnings Forecasts and Security-Price Changes," *Journal of Accounting and Economics* 13, nº 4 (1990): 341-363. Conforme Jensen e Meckling argumentam: "Os benefícios da atividade dos analistas de investimentos estão refletidos no maior valor capitalizado das reivindicações de propriedade para corporações..." ("Theory of the Firm").
13. Lubomir Litov, Patrick Moreton e Todd Zenger. "Corporate Strategy, Analyst Coverage, and the Uniqueness Discount", *Management Science* 58, nº 10 (2012): 1797-1815.
14. Ezra W. Zuckerman. "Focusing the Corporate Product: Securities Analysts and De-Diversification", *Administrative Science Quarterly* 45, nº 3 (2000): 591-619.
15. Ravi Bhushan. "Firm Characteristics and Analyst Following", *Journal of Accounting and Economics* 11, nº. 2-3 (1989): 255-274. Mais um estudo constatou que, quando os gestores desmembram seus conglomerados através de cisões e carve-outs (venda futura de capital próprio) em resposta a pressões do mercado de capitais, o nível agregado de cobertura dos analistas aumenta, assim como a exatidão da análise (isto é, a capacidade de prever com exatidão o desempenho futuro); veja Stuart C. Gilson, Paul M. Healy, Christopher F. Noe, e Krishna G. Palepu, "Analyst Specialization and Conglomerate Stock Breakups", *Journal of Accounting Research* 39 (dezembro, 2001): 565-582.

16. Litov, Moreton e Zenger, "Corporate Strategy, Analyst Coverage, and the Uniqueness Discount".
17. Gilson at al., "Analyst Specialization and Conglomerate Stock Breakups".
18. Ezra W. Zuckerman, "Focusing the Corporate Product: Securities Analysts and De-Diversification", *Administrative Science Quarterly* 45, n° 3 (2000): 591-619.
19. Para uma discussão sobre a utilidade deste tipo de cobertura do analista, veja Bruce K. Billings, William L. Buslepp e G. Ryan Huston, "Worth the Hype? The Relevance of Paid-for Analyst Research for the Buy-and-Hold Investor", *The Accounting Review* 89 (2014): 903-931.
20. Dan Roberts. "Georgia Pacific decides to leave the spotlight", *The Financial Times*, 15 de novembro de 2005, 29.
21. Reconhecidamente, existe uma crescente pesquisa voltada para examinar o horizonte temporal da remuneração financeira dos executivos. Entretanto, na prática, a recompensa do CEO permanece bastante focada no aumento do valor presente ou do valor no curto prazo da empresa conforme refletido nos mercados de capitais.

Capítulo 4

1. As ideias expressadas neste capítulo se beneficiaram da colaboração de Nick Argyres, Jackson Nickerson, Teppo Felin e Lyda Bigelow.
2. Veja Otto Friedrich, *Decline and Fall: The Struggle for Power at a Great American Magazine* (Nova York: Harper and Row, 1970).
3. Veja Friedrich A. Hayek, "The Use of Knowledge in Society", *American Economic Review* 35 (1945): 519-530.
4. Veja Oliver Williamson, *The Economic Institutions of Capitalism* (Nova York: Simon and Schuster, 1985); Benjamin Klein, Robert CrawFord e Armen Alchian, "Vertical Integration, Appropriable Quasi-Rents, and the Competitive Contracting Process", *Journal of Law and Economics* 21, n° 2 (1978): 297-326.
5. D. H. Robertson, citado em Ronald Coase, "The Nature of the Firm," *Economica* 4, n° 16 (1937): 386-405.
6. Esta é uma paráfrase da afirmação de Robert Gibbons do MIT: "o preço do controle é a perda da iniciativa". Veja Robert Gibbons, "Four (Formalizable) Theories of the Firm, *Journal of Economic Behavior and Organization*, 58 (2005): 206.
7. Para uma discussão sobre este argumento e uma pesquisa de respaldo veja Jack A. Nickerson e Todd R. Zenger, "Envy, Comparison Costs, and the Economic Theory of the Firm", *Strategic Management Journal* 29, n° 13 (2008): 1429-1449.

8. Veja Paul Milgrom e John Roberts, "An Economic Approach to Influence Activities in Organizations", *American Journal of Sociology* 94 Supplement (1988): S154-S179.
9. "John Harvard's Journal: 'Extraordinary Bonuses'", *Harvard Magazine* 106, nº 4 (2004): 69-73.

Capítulo 5

1. Friedrich Hayek, "The Use of Knowledge in Society". *American Economic Review* 35, nº 4 (1945): 519-530.
2. Em 1987, O Ministério da Indústria e Comércio Internacional (MITI) do Japão comentou a declaração simples de que "a manufatura japonesa deve sua vantagem competitiva e força a sua estrutura de subcontratação". Citado em Jeffrey H. Dyer e William G. Ouchi, "Japanese-Style Partnerships: Giving Companies a Competitive Edge". *MIT Sloan Management Review* 35 (Outono de 1993).
3. Para uma discussão mais completa veja Dyer and Ouchi, "Japanese-Style Partnerships".
4. Michael A. Cusumano e Akira Takeishi. "Supplier Relations and Management: A Survey of Japanese, Japanese-Transplant, and U.S. Auto Plants". *Strategic Management Journal* 12, nº 8 (1991): 563-588.
5. EIU Global Executive Survey, Anderson Consulting.
6. Michael Gerlach. *Alliance Capitalism: The Social Organization of Japanese Business* (Berkeley: University of California Press, 1992); Jeffrey H. Dyer e Harbir Singh, "The Relational View: Cooperative Strategy and Sources of Interorganizational Competitive Advantage", *Academy of Management Review* 23, nº 4 (1998): 660-679.
7. Veja Internet World Stats: Usage and Population Statistics, www. .internetworldstats.com.
8. Mark Doms. "The Boom and Bust in Information Technology Investment",. *FRBSF Economic Review* (2004): 19-34.
9. Por exemplo, em um estudo que conduzi em conjunto com Dan Elfenbein para examinar um dos maiores usuários dessas licitações reversas de compras (*procurement*), a cotação mais baixa foi selecionada em cerca de metade das vezes.
10. Um relatório da AT Kearney afirmou que enquanto métodos padrão de *procurement* permitiam aos compradores interagir com cerca de 25% dos principais fornecedores de um ramo, o *e-procurement* oferecia acesso a 98%. Veja Olivia Korostelina, "Online Reverse Auctions: A Cost-Saving Inspiration for Businesses". *Dartmouth Business Journal* (March 2012).
11. Eric von Hippel do MIT tem sido o proponente mais veemente desta posição.
12. Kevin J. Boudreau Karim R. Lakhani. "Using the Crowd as an Innovation Partner". *Harvard Business Review,* April 2013.
13. Hayek, "The Use of Knowledge in Society".

14. Veja Daniel Elfenbein e Todd Zenger. "Creating and Capturing Value in Repeated Exchange Relationships: Managing a Second Paradox of Embeddedness", Olin Business School Working Paper, 2016.
15. Ibid.

Capítulo 6

1. As ideias expressadas neste capítulo se beneficiaram da colaboração acadêmica de longa data de Jackson Nickerson da Universidade de Washington em St. Louis. Veja Jack A. Nickerson e Todd R. Zenger. "Being Efficiently Fickle: A Dynamic Theory of Organizational Choice". *Organization Science* 13 (2002): 547-566; e Peter Boumgarden, Jack A. Nickerson e Todd R. Zenger, "Ambidexterity, Vacillation, and Organizational Performance", *Strategic Management Journal* 33 (2012): 587-610.
2. Hewlett-Packard. 1998. Relatório Anual. Thompson Research. Disponível em: http://research.thomsonib.com/.
3. Eyal Ophir, Clifford Nass e Anthony D. Wagner. "Cognitive Control in Media Multitaskers". *Proceedings of the National Academy of Sciences of the United States of America* 106, nº 37 (2009): 15583-15587.
4. Sylvain Charron e Etienne Koechlin. "Divided Representation of Concurrent Goals in the Human Frontal Lobes". *Science* 328, nº 360 (2010): 360-363.
5. Curiosamente, no Hoshin Kanri, o predecessor japonês do Balanced Scorecard, iniciativas de alto nível estão restritas a uma ou duas em qualquer dado momento no tempo (citado em Sendil K. Ethiraj e Daniel A. Levinthal, "Hoping for A to Z While Rewarding Only A: Complex Organizations and Multiple Goals". *Organization Science* 20, nº 1 (2009): 4-21.
6. Michael Jensen observou mais precisamente que é "logicamente impossível maximizar mais de uma dimensão ao mesmo tempo a menos que as dimensões sejam o que é conhecido como transformação monofônica de uma em outra" (Michael C. Jensen, *Foundations of Organizational Strategy* [Cambridge, MA: Harvard University Press, 2001]).
7. E então modelado formalmente como um problema de multitarefas pelos economistas Bengt Holmstrom e Paul Milgrom. Veja Bengt Holmstrom e Paul Milgrom, "Multi-task Principal-Agent Analyses: Incentive Contracts, Asset Ownership, and Job Design," *Journal of Law, Economics, and Organization* 7 Special Issue (1991): 24-52.
8. Ethiraj e Levinthal, "Hoping for A to Z".

Capítulo 7

1. Robert Kabocoff, "Develop Strategic Thinkers Throughout Your Organization", *Harvard Business Review,* 7 de fevereiro de 2014, https://hbr.org/2014/02/develop-strategic-thinkers-throughout-your-organization.

2. Eric Ries, *The Lean Startup: How Today's Entrepreneurs Use Continuous Innovation to Create Radically Successful Businesses* (Nova York: Crown Publishing Group, 2011).
3. Popper fez este comentário em uma palestra em 1991, que também se tornou o título de uma compilação de seus ensaios publicada postumamente. Veja Karl Popper, *All Life is Problem Solving* (Nova York: Routlege, 1999).
4. Curiosamente, o economista vencedor do Prêmio Nobel Herbert Simon descreve as estratégias como um "problema de representações". Veja Herbert Simon, "Bounded Rationality and Organizational Learning". *Organization Science* 2, nº 1 (1991): 125-134.
5. Citado em Dwayne Spradlin, "Are You Solving the Right Problem?" *Harvard Business Review,* setembro 2012, https://hbr.org/2012/09/are-you-solving-the-right-problem.
6. Ben Horowitz em uma entrevista no site Product Hunt. Esta citação e outras podem ser encontradas em "Ben Horowitz's Best Startup Advice", Product Hunt, 10 de setembro de 2015, https://www.producthunt.com/live/ben-horowitz.
7. Veja Serge Moscovici. *Social Influence and Social Change* (London: Academic Press, 1976), e Serge Moscovici, "Toward a Theory of Conversion Behavior", *Advances in experimental social psychology* (ed. L. Berkowitz) 13 (1980) 209-239.
8. Jay Conger. "The Necessary Art of Persuasion". Harvard Business Review, maio-junho de 1988.
9. Citado em Peter Quantrill, "Hammer of the Gods". *Gramophone*, janeiro de 2008.

Índice Remissivo

3M, 159-60

Akerlof, George, 84-5
alianças, 128, 129, 130-1, 133
Anders, William, 69
antevisão
   conceito de teoria corporativa e, 43-4, 45-6
   conceito de teoria corporativa e, 44-5, 46
   na teoria da Mittal, 58
   teoria corporativa de Walt Disney, 44
   teoria de Jobs para a Apple, 47
   teorias pós-cisão da AT&T, 51-2, 52
Apple
   antevisão, 47-8
   estrutura descentralizada, 161
   extravisão, 48-9, 50
   foco em design, 48-9
   intravisão, 47-9
   lealdade de Jobs a sua teoria, 49-50
   sucesso da companhia, 46, 50-1
   teoria corporativa, 47-8
aquisições
   alavancando a opção de venda na General Dynamics's, 69-70
   alinhando com a teoria corporativa, 41, 71-2, 158-9
   aquisição da Cadbury pela Kraft, 81-2
   armadilha do controle na integração, 112-4
   forçando mudanças na Disney, 40

licitações e, 61-, 62, 65
lógica da compra, 111-2
mantendo a motivação dos empregados, 111-2
optar por mercado versus por integração, 117
reestruturação da Monsanto com, 75-6
resposta do mercado para a AT&T's, 52, 53
respostas dos mercados de capitais, 60, 70-2
resultados da General Mills, 66-7
teoria corporativa da Mittal e, 58, 59
AT&T
   cisão da companhia, 51
   decisão de vender, 53-4
   dificuldade de encontrar uma teoria eficaz, 51-2
   resultados da estratégia de serviços, 52-4

boom das ponto.com, 86-7
Bossidy, Larry, 172
Boudreau, Kevin, 127
Buffet, Warren, 81
Burke, James, 35

Cadbury, 80-2, 84
Collins, Jim, 27
complementaridade e criação de valor, 45
compras (*procurement*) plena concorrência, 128, 129, 130

conceito de Lean Startup, 168
contratos e relacionamentos colaborativos, 134-5
criação de valor
  base da estratégica, 35-6
  caminho para, 45, 84, 87-90, 144-5
  complementaridade, 45
  conceito de mercados ajustados, 59-60
  decisão produzir ou comprar (*veja* decisão produzir ou comprar)
  desafio da complexidade, 148-52
  desafio da sustentação, 24-8
  design organizacional dinâmico, 153-4, 161, 173-5
  falta de uma boa teoria na AT&T, 53-4
  impedimentos para (*veja* licitações)
  liderança estratégica estruturada em termos de, 166-71
  relacionamentos externos, 132, 135, 137-8
  sendo único e (*veja* unicidade imperativa)
  tensões sobre o melhor caminho para (*veja* definindo a direção estratégica)
  teoria corporativa de Jobs, 47-50
  teoria corporativa de Walt Disney e, 36-7, 38-9, 41, 42
  vantagem competitiva, 22
  vendendo a teoria, 170-2
crowdSPRING, 127
Curtis Publishing, 104

Danaher, 158-9
Daniel, Ronald, 115
dano moral, 82-3, 99-100
Decisão de centralizar ou descentralizar
  na Apple e Google, 161
  na HP, 146-7, 155
  no design organizacional, 143-4, 151-2
decisão produzir ou comprar
  armadilha do controle na integração, 112-4
  confiança implícita pela decisão de terceirizar, 106-7
  controle de ativos críticos pelo fornecedor, 110-11
  custo de usar o mercado para remodelar incentivos, 106-8

  custos de utilizar mercados versus integração, 117
  custos impostos por comparações sociais, 114-5
  desafios quando os fornecedores exigem garantia de returnos futuros, 107
  dilemas inerentes a cada decisão, 103-104, 105
  efeitos dos mercados em agentes externos, 105-6
  erro de integração vertical de Curtis Publishing, 104
  erro de terceirização da IBM, 104-5
  fornecedor refém dos investimentos, 108-11
  impedimentos para replicar incentivos de mercado, 113-5
  lições aprendidas, 117
  lógica para perseguir a integração, 111-2
  necessidade de manter a motivação dos empregados após a integração, 112-3
  padrões dinâmicos na decisão produzir--ou-comprar, 106-8
  problema de explicar o caminho para a criação de valor, 107
  provisão de componentes críticos pelo fornecedor, 109-10
  quando mercados e contratos falham em proporcionar os incentivos necessários, 111
  razões do fracasso dos mercados, 106
  sabedoria na decisão de terceirizar, 106-7
definição de direção estratégica
  avaliações do mercado durante boom das empresas ponto.com, 85-7
  barganhas entre qualidade e facilidade de avaliação, 90-2, 95
  caminho para a criação de valor, 84, 87-90
  competência do mercado de capitais em avaliar decisões estratégicas, 81-3
  conflitos sobre a aquisição da Cadbury pela Kraft, 80-2, 84
  lições aprendidas, 98-100
  opções de resposta ao problema dos limões, 94-8

Índice Remissivo

paradoxo da unicidade, 95
perspectiva do mercado capitais sobre a eficiência do investidor, 83
perspective estratégica da eficiência dos gestores, 84
preferência dos analistas por empresas fáceis de analisar, 88-90, 93-5
private equity e evitando o viés dos analistas, 96-8
problema de agência dos gestores, 80, 82, 83
problema dos limões aplicado a teorias corporativas, 85-6, 87-8
recomendações de compra lançadas por analistas, 92-3
tarefas dos analistas de investimentos, 92
tensões entre gestores e investidores, 79-80
Dell, 24-5
Dell, Michael, 25
desafio de convencer os outros, 170-2
 construindo teorias de valor que revelam problemas, 168-9
 desafio essencial da, 175
 elaborando a linguagem para explicar a teoria, 171-2
 estruturada em termos de criação de valor, 166-7
 navegando na dinâmica organizacional, 173-4
 papel dos líderes em todos os níveis da empresa, 165-6
 priorizando caminhos disponíveis, 173
 problema de se basear na experimentação rápida, 168
 tarefas fundamentais dos líderes estratégicos, 167-8
 usando o design organizacional como ferramenta, 173-4
 valor de ter uma teoria para guiar a empresa, 169-70
design organizacional
 exemplo de teoria "adequação perfeita" (*veja* Hewlett-Packard)
 iniciativas sequenciais na GE, 158-9
 lições aprendidas, 162-3
 lógica do design dinâmico, 152-3
 mantendo a motivação em meio a mudança de métricas, 149-50
 mudança na liderança na 3M, 159-160
 na Ford, 155-7
 natureza dinâmica do, 144-5, 148
 padrões de iniciativas na Danaher, 158-9
 propensão das empresas de alternar entre dois tipos de CEOs, 160-2
Diamond, Peter, 60
Disney
 ameaças da aquisição hostil, 40
 antevisão, 44
 conexões sinérgicas traçadas por Walt Disney, 36-40
 distanciamento da teoria corporativa original, 39-40
 extravisão, 45-6
 fundação e primórdios, 36-7
 identificação novos ativos essenciais potenciais, 41-3
 intravisão, 44-5
 problema do fornecedor em prover componentes críticos, 109-10
 reivindicando domínio na animação, 41-2
 returno à teoria corporativa original, 40-1
 teoria corporativa, 30-1
 teoria da criação de valor idealizada por Walt Disney, 37, 37-40, 42

Eisner, Michael, 40, 41, 42, 173-4
Ethiraj, Sendil, 153
extravisão
 conceito de teoria corporativa e, 45-6
 na teoria corporativa de Walt Disney, 45-6
 na teoria da Mittal, 58
 teoria de Jobs para a Apple, 48-9, 50
 teorias pós-cisão da AT&T, 51, 52-3

Feitas para Durar (Collins and Porras), 27
financiamento por fundos de private equity, 96-8
Fiorina, Carly, 147
Ford Motor Company, 156-7

Gates, Bill, 49
GE, 25-6
General Dynamics, 69, 70
General Electric (GE), 25-6, 157-9, 173
General Mills, 66-8
Georgia-Pacific, 97-8
gestores e direção estratégica (*Veja* definindo a direção estratégica)
Good to Great (Collins), 27
Google, 151-2, 161
　alinhando com a teoria corporativa, 151-2
　benefícios de mudar, 153
　consequências de decisões inconsistentes, 151-2
　contraprodutividade da multitarefa, 148-9
　decisão centralizar ou descentralizar, 143-4, 151-2, 161
　design dinâmico através da mudança estrutural, 154, 157-8
　design dinâmico usando iniciativas sequenciadas, 157-9

Hayek, Friedrich, 81, 106, 119, 130
Hewlett-Packard (HP)
　centralização e descentralização na, 146-7, 154
　consistência nas dimensões de desempenho, 147
　estrutura da empresa antes de 1980, 145
　resposta do mercado à reestruturação repetida 147-8
Horowitz, Ben, 170
Hurd, Mark, 147
HYVE, 127

IBM, 46-7, 104-5, 110-111
Iger, Robert, 42
In *Search of Excellence* (Peters and Waterman), 26
incentivos baseados em desempenho, 114-5
indústria da defesa, 68
Innocentive, 126
Intel, 110-11
intravisão
　na teoria corporativa de Walt Disney, 44-5
　na teoria da Mittal, 58
　teoria de Jobs para a Apple, 48-9
　teorias pós-cisão da AT&T, 52, 53

Japão, 120-122
Jensen, Michael, 82
Jobs, Steve, 35, 46-51, 169-70, 171-2

Kaggle, 127
Katzenberg, Jeffrey, 40
Koch Industries, 97, 98
Kraft, 80-1, 84
Lakhani, Karim, 127

Lei das Telecomunicações americanas (1966), 51-2
leilões de valor comum, 61-2
leilões
　maldição do vencedor, 61-3
　risco em estimar o valor de sinergias, 64-6
　valor comum, 62-3
　valor máximo retido, 64
　valor privado, 62-4
Levinthal, Dan, 153
licitações de valor privado, 62-64
licitações eletrônicas de compras (*procurement*), 123-5
liderança estratégica
Litov, Lubomir, 72, 94

Mahoney, Richard, 74-5
maldição do vencedor, 60-1, 62-3
McNerny, Jim, 159
Meckling, William, 82-3
mercados ajustados, 60-1
Microsoft, 110-11
Miller, Ron, 39, 40
Mittal Steel
　consequências do desvio da teoria, 59
　histórico, 57-8
　sucesso baseado em sinergia, 65-6
　teoria corporativa, 58, 66
Monsanto
　avaliações dos analistas, 88-90

benefícios de se manter fiel à teoria, 76-7
teoria corporativa, 75-6
Moreton, Patrick, 94
Mortenson, Dale, 59-60

NineSigma, 126
North, Douglass, 134

operações Bell regionais (RBOCs), 50-1, 52

Pershing Square Capital, 80-1
Peters, Tom, 26
Pissarides, Christopher, 59-60
Pixar, 41-2, 109-110
Porras, Jerry, 27
Porter, Michael, 24-6
problema de *hold-up*, 108-110
problema dos limões
  aplicado a teorias corporativos, 85-6, 86-9
  decisões estratégias para responder a, 94-8
  desafio para gestores, 86-8
  descrição, 85-6, 99-100
Procter & Gamble, 125-7

Quirky, 127

relacionamentos externos
  abordagem de fabricantes japoneses, 120, 121
  alianças em 128, 129, 130-1, 133
  alternando entre fornecedores, 132
  compartilhando conhecimento, 132
  compras (*procurement*), plena concorrência 128, 129
  contratos e, 134-135
  definindo o escopo do controle requerido por uma troca, 130-2
  desenvolvimento de relacionamentos colaborativos por empresas americanas, 122-3
  determinando a dificuldade de especificar resultados desejados, 132-3
  determinando a unicidade d solução, 131-2

determinando o dono do conhecimento, 130-1
estratégia de compra de peças por companhias automobilísticas americanas, 120-1
investimento corporativo em TI e, 123-4
licitações eletrônicas de compras, 123-5
lições aprendidas, 138-9
padrões dinâmicos típicos, 136-8
questão de como engajar melhor os fornecedores, 128-9
relações de trocas colaborativas, 132-3
resultados potencialmente negativos, 135-6
resumo de fatores na escolha, 133
risco de desmotivar parceiros externos, 129-30
tipos de, 119, 128
uso de plataformas colaborativas (*crowdsourcing*), 126, 127
uso de TI pela P&G para gerar inovação, 125-7
uso parceiros externos para resolver problemas de inovação, 124-6
Robertson, D. H., 110
Rumelt, Richard, 25

Schultz, Howard, 169-71
Searle Corporation, 75, 76
Smith & Wesson, 112
Southwest Airlines, 24
Starbucks, 169-71
Steinberg, Saul, 40
Summers, Larry, 114

teoria corporativa
  alinhando aquisições, 41, 72-3, 158-9
  alinhando com o design organizacional, 151-2
  antevisão, 43-4, 45-6
  aquisições na Mittal, 58, 59
  base da criação de valor estratégica, 35-6
  brilho da Disney (*veja* Disney)
  capacidade de identificar barganhas, 77
  capacidade e ajudar a superar inclinações, 77

características de uma boa teoria, 22-3, 30-1
conceito de estratégia como posição, 21-2
definição, 29-31
elementos-chave de relacionamentos, 42-4, 46
erros da AT&T (*veja* AT&T)
extravisão e, 45-6
falhas na General Mills', 74-6
formas de visão integrais a, 54-5
função das teorias, 35-6
intravisão e, 44-5 ,46
lições aprendidas, 54-5
limites para vantagem competitiva, 23-6
na Monsanto, 74-6
papel dos líderes na (*veja* liderança estratégica)
propósito da, 55
sendo único e (*veja* unicidade imperativa)
sucesso da Apple devido a, 47-50
tipos de teorias, 91-2
Tongal, 127
TopCoder, 127
Tri Town Precision Plastics, 111-2

unicidade imperativa
alavancagem de sinergias não únicas pela General Dynamics, 69
benefícios da criação de valor de uma venda, 68-9, 70
benefícios dos investimentos guiados por uma teoria, 72-3, 74-5, 77
busca por ativos e capacidades em mercados ajustados, 58-61
capacidade das teorias corporativas de identificar barganhas, 77
capacidade das teorias corporativas em ajudar a superar vieses, 77
criação de valor pela posse de ativos únicos, 41-2
dificuldade de determinar o VPL com precisão, 73-5
falhas da teoria corporativa da General Mills, 66-8
história da Mittal Steel, 57-9, 65-6
impedimentos para a descoberta de ativos subvalorizados, 60-1
investimentos Monsanto guiados por uma teoria, 74-6
leilões, de valor comum, 61-2
leilões, de valor privado, 62-4
lições aprendidas, 77
plano de aquisição da General Mills, 65-6
processo de avaliação comparativa de investimentos, 73-82
resposta dos mercados de capital a aquisições, 60-1, 70-2
status da indústria da defesa no Pós--Guerra Fria, 68
vantagem de ter uma teoria corporativa única, 72-3
Universidade de Harvard, 113-5

valor presente líquido (VPL), 73-5
vantagem competitiva
ceticismo do uso como estratégia central, 28
criação sustentada de valor, 22, 25-6
demandas dos investidores, 25-6
dificuldade de sustentar valor criando, 26-8
estratégia de negócios, 21-2
falhas da escola de pensamento de estratégia dinâmica, 28-9
insensatez da experimentação aleatória, 29-30
limitações para a Dell, 24-5
limitações para a Southwest, 23, 24-5
limitações para o Walmart, 23-4, 25
papel das expectativas de crescimento na avaliação de companhias, 25-6
vantagens da integração, 111-2

Walmart, 23-4
Waterman, Robert, 26
Welch, Jack, 25, 158, 173
Wozniak, Steve, 46-7

Xerox PARC, 48

Yen, James, 160
YourEncore, 126

Zuckerman, Ezra, 94